"十四五"职业教育国家规划教材

职业教育汽车类专业"互联网+"创新教材
汽车技术服务与营销专业"校企合作"精品教材

汽车文化

北京运华科技发展有限公司　组编

主　编　廖莺　刘长策
副主编　邓浪　张凤营　刘彧媚　于小敏
参　编　李英　段思维　李艳红　肖雅文　赵颖
　　　　尹文飞　陈佳伟　王晓杰　赵一敏

机械工业出版社
CHINA MACHINE PRESS

本书是"十四五"职业教育国家规划教材。

本书是职业教育汽车类专业"互联网+"创新教材，主要内容包括汽车设计文化（汽车的诞生、现代汽车工业、汽车的外形和色彩）、汽车品牌文化（欧洲车系、美洲车系、日韩车系、中国车系）、汽车主题文化（汽车赛事、汽车展览会、汽车俱乐部、汽车博物馆）、未来汽车文化（概念汽车、新能源汽车、智能汽车）。

本书彩色印刷、图片美观、内容新颖，同时运用了"互联网+"形式，在相关知识部分嵌入二维码等多媒体资源，方便读者理解相关知识，以便更深入地学习。

本书可作为职业院校汽车营销、汽车维修等相关专业的教学用书，也可作为汽车维修企业的内部培训资料，还可用作汽车维修技术人员和4S店工作人员的参考书。

为方便教学，本书配有电子课件。凡选用本书作为授课教材的教师均可登录www.cmpedu.com，注册后免费下载，或向相关编辑咨询，咨询电话：010-88379201。

图书在版编目（CIP）数据

汽车文化/北京运华科技发展有限公司组编；廖莺，刘长策主编. —北京：机械工业出版社，2019.9（2025.3 重印）

职业教育汽车类专业"互联网+"创新教材　汽车营销与服务专业"校企合作"精品教材

ISBN 978-7-111-63849-0

Ⅰ.①汽…　Ⅱ.①北…②廖…③刘…　Ⅲ.①汽车-文化-职业教育-教材　Ⅳ.①U46-05

中国版本图书馆 CIP 数据核字（2019）第 212987 号

机械工业出版社（北京市百万庄大街22号　邮政编码100037）
策划编辑：师　哲　责任编辑：师　哲
责任校对：宋逍兰　封面设计：张　静
责任印制：任维东
天津市银博印刷集团有限公司印刷
2025年3月第1版第13次印刷
184mm×260mm・10印张・236千字
标准书号：ISBN 978-7-111-63849-0
定价：44.00元

电话服务　　　　　　　　网络服务
客服电话：010-88361066　机　工　官　网：www.cmpbook.com
　　　　　010-88379833　机　工　官　博：weibo.com/cmp1952
　　　　　010-68326294　金　书　网：www.golden-book.com
封底无防伪标均为盗版　机工教育服务网：www.cmpedu.com

关于"十四五"职业教育国家规划教材的出版说明

为贯彻落实《中共中央关于认真学习宣传贯彻党的二十大精神的决定》《习近平新时代中国特色社会主义思想进课程教材指南》《职业院校教材管理办法》等文件精神，机械工业出版社与教材编写团队一道，认真执行思政内容进教材、进课堂、进头脑要求，尊重教育规律，遵循学科特点，对教材内容进行了更新，着力落实以下要求：

1. 提升教材铸魂育人功能，培育、践行社会主义核心价值观，教育引导学生树立共产主义远大理想和中国特色社会主义共同理想，坚定"四个自信"，厚植爱国主义情怀，把爱国情、强国志、报国行自觉融入建设社会主义现代化强国、实现中华民族伟大复兴的奋斗之中。同时，弘扬中华优秀传统文化，深入开展宪法法治教育。

2. 注重科学思维方法训练和科学伦理教育，培养学生探索未知、追求真理、勇攀科学高峰的责任感和使命感；强化学生工程伦理教育，培养学生精益求精的大国工匠精神，激发学生科技报国的家国情怀和使命担当。加快构建中国特色哲学社会科学学科体系、学术体系、话语体系。帮助学生了解相关专业和行业领域的国家战略、法律法规和相关政策，引导学生深入社会实践、关注现实问题，培育学生经世济民、诚信服务、德法兼修的职业素养。

3. 教育引导学生深刻理解并自觉实践各行业的职业精神、职业规范，增强职业责任感，培养遵纪守法、爱岗敬业、无私奉献、诚实守信、公道办事、开拓创新的职业品格和行为习惯。

在此基础上，及时更新教材知识内容，体现产业发展的新技术、新工艺、新规范、新标准。加强教材数字化建设，丰富配套资源，形成可听、可视、可练、可互动的融媒体教材。

教材建设需要各方的共同努力，也欢迎相关教材使用院校的师生及时反馈意见和建议，我们将认真组织力量进行研究，在后续重印及再版时吸纳改进，不断推动高质量教材出版。

机械工业出版社

职业教育汽车类专业"互联网+"创新教材
汽车技术服务与营销专业"校企合作"精品教材

编审委员会

顾　问
罗　磊　中国汽车流通协会
简玉麟　武汉交通学校
李景芝　山东交通学院
王法长　中国汽车流通协会人力资源分会
贺　萍　深圳职业技术学院

主　任
郑丽梅　全国机械职业教育教学指导委员会

副主任
张国方　武汉理工大学
刘宏飞　吉林大学
申荣卫　天津职业技术师范大学
韩　萍　长春汽车工业高等专科学校
宋润生　深圳职业技术学院

委　员

王旭荣	高腾玲	李贵炎	庞志康	李　彤	王彦峰	罗国玺
陈　青	吴　刚	李东魁	姚延钢	张红英	操龙斌	李　杰
张晶磊	刘凤良	王远明	莫舒玥	商　卫	张宏阁	邓宏业
苏　明	段懿伦	毕丽丽	顾同宇	郑　莺	何寿柏	付慧敏
曾　虎	纪　烨	李冬冬	尹向阳	张树玲	曲鲁滨	苏　青
何　健	金加龙	赵暨羊	严　丽	邱华桢	屠剑敏	叶燕仙
田厚杰	廖　明	张潇月	李永安			

二维码索引

序 号	二维码	名 称	页 码
1		蒸汽汽车的诞生与发展	1
2		现代汽车的产生	2
3		奥迪汽车公司介绍	37
4		宝马汽车公司介绍	39
5		大众汽车公司介绍	40
6		戴姆勒-奔驰公司介绍	45
7		标致-雪铁龙汽车公司介绍	48
8		雷诺-日产联盟介绍	49

（续）

序　号	二维码	名　称	页　码
9		菲亚特汽车公司介绍	50
10		通用汽车公司介绍	53
11		福特汽车公司介绍	67
12		克莱斯勒汽车公司介绍	75
13		丰田汽车公司介绍	81
14		本田汽车公司介绍	88
15		现代汽车公司介绍	93
16		中国第一汽车集团公司介绍	98
17		世界一级方程式锦标赛（F1）介绍	116
18		世界拉力锦标赛（WRC）介绍	117

（续）

序　号	二　维　码	名　　称	页　码
19		值得一看的中国汽车博物馆	137
20		什么是概念车	139

前言

汽车正改变着社会形态和人们的生活，影响着人们的学习、工作乃至生活观念、生活方式。汽车不断进入家庭，已成为日常交通工具，"汽车文化"也悄然出现。

随着汽车产业的高速发展和人民生活水平的不断提高，汽车已成为人民生活中不可缺少的部分。为了开阔学生的视野，拓展学生的知识面，让学生更全面地了解汽车、热爱汽车，丰富校园文化生活，普及汽车文化知识，感受、传播和弘扬汽车文化，机械工业出版社牵头组织编写了本书。本书在编写上，力求做到将知识性与趣味性融为一体，内容翔实、新颖、实用，图文并茂，可读性强。

本书主要包括汽车设计文化（汽车的诞生、现代汽车工业、汽车的外形和色彩）、汽车品牌文化（欧洲车系、美洲车系、日韩车系、中国车系）、汽车主题文化（汽车赛事、汽车展览会、汽车俱乐部、汽车博物馆）、未来汽车文化（概念汽车、新能源汽车、智能汽车）。同时运用了"互联网＋"技术，在相关知识部分嵌入二维码，学生用智能手机进行扫描，便可在手机屏幕上显示和教学资料相关的多媒体内容，方便学生理解相关知识，以便更深入地学习。

本书由长沙汽车工业学校廖莺、北京运华科技发展有限公司刘长策担任主编，邓浪、张凤营、刘彧媚、于小敏任副主编，参加编写的还有李英、段思维、李艳红、肖雅文、赵颖、尹文飞、陈佳伟、王晓杰、赵一敏。

由于编者水平有限，书中难免有错漏之处，敬请广大读者批评指正。

编　者

目录

二维码索引
前　言

项目一　汽车设计文化	1	任务一　汽车的诞生 …………………… 1
		任务二　现代汽车工业 ………………… 12
		任务三　汽车的外形和色彩 …………… 29

项目二　汽车品牌文化	37	任务一　欧洲车系 ……………………… 37
		任务二　美洲车系 ……………………… 53
		任务三　日韩车系 ……………………… 81
		任务四　中国车系 ……………………… 98

项目三　汽车主题文化	115	任务一　汽车赛事 ……………………… 115
		任务二　汽车展览会 …………………… 124
		任务三　汽车俱乐部 …………………… 129
		任务四　汽车博物馆 …………………… 132

| 项目四　未来汽车文化 | 139 | 任务　汽车的未来 ……………………… 139 |

参考文献　150

项目一

汽车设计文化

任务一 汽车的诞生

 学习目标

1. 熟知蒸汽汽车是如何诞生的。
2. 熟知现代汽车是如何诞生的。
3. 熟知汽车史上的六座发展里程碑。
4. 熟知汽车史上的关键技术革新。

 建议学时

4学时。

 相关知识

扫一扫

蒸汽汽车的诞生与发展

一、蒸汽汽车

1712年,英国人托马斯·纽科门发明了不依靠人和动物来做功而是靠机械做功的蒸汽机,被称为纽科门蒸汽机。

1765年,英国木匠出身的技工詹姆斯·瓦特(James Watt,1736—1819)在对前人发明的蒸汽机做了重大改进后,使其变得更加实用。1769年,法国陆军工程师、炮兵大尉尼古拉斯·古诺(N. J. Cugnot,1725—1804)经过六年的苦心研究,将一台蒸汽机装在了一辆木制三轮车上,制成了世界上第一辆蒸汽驱动的三轮汽车。1771年,古诺又制成了一辆性能更好的蒸汽汽车——时速9.5km/h,可以牵引4~5t货物。该车现被法国巴黎的国家艺术及机械品陈列馆收藏(见图1-1)。

1801年,理查德·特里维西克制造出了英国最早的蒸汽汽车;两年后,又制成了形状类似马车的蒸汽汽车。这辆蒸汽汽车能坐8人,创造了当时在平坦的道路上行驶速度达9.6km/h的世界纪录。

1805年,美国人艾文思首次制造了装蒸汽机的水陆两用汽车(见图1-2),它也成为现代水陆两用汽车的鼻祖。

图1-1 古诺的蒸汽汽车

图1-2 艾文思制造的蒸汽机水陆两用汽车

1825年，英国公爵嘉内制成了世界上第一辆蒸汽公共汽车。1831年，嘉内利用这辆车开始了世界上最早的公共汽车运营业务，所以这辆车也被认为是世界上最早的公共汽车（见图1-3）。1834年，世界上最早的公共汽车运输公司——"苏格兰蒸汽汽车公司"成立了。

1928年，法国人佩夸尔制造了一辆蒸汽牵引汽车。这辆汽车首次将发动机置于车的前端，由后轴驱动。在发动机和后轴之间，依靠链条传动。为了使转向灵活，后轴系由两根半轴构成，当中由差速齿轮连接，这就是最早的差速器。此外，两个小小的前轮各自与车架弹性连接，这称

图1-3 世界上最早的公共汽车

作独立悬架。这种独立悬架的设计，有着划时代的意义。佩夸尔的链条传动、差速器、独立悬架等设计方案，对汽车的发展贡献极大，至今仍被广泛应用在汽车上。直到1916年，性能优越的内燃机汽车问世20年后，最后一批"皮尔逊-考克斯牌"双座、15hp（1hp = 745.700W）的蒸汽汽车才在英国停止了生产。

二、现代汽车

1885年9月5日，德国人卡尔·本茨（Karl Benz，1844—1929）制成了一辆利用内燃机做动力的三轮车（见图1-4），并于1886年1月29日向德国曼海姆帝国专利局提出了发明专利的申请，专利证书号为M37435（见图1-5）。这一天也就成为现代汽车的诞生日。本茨也被世人誉为"汽车之父"。同年7月3日，卡尔·本茨在曼海姆的街上进行了第一次公开试验。这辆汽车在道路上首次试验以15km/h的速度行驶了1km。

该车又称为奔驰一号，车重254kg，装有三个实心橡胶轮胎的车轮——后边两个大轮，前边一个小轮；单缸四冲程汽油机（排量0.9L，功率0.89hp，转速400r/min）放在两个后轮之间；发动机输出的功率靠齿轮-齿条机构传给装有差速装置的后轴，有蓄电池与点火线圈，并装有散热器；汽车前进速度为13～18km/h，但无法倒行，前进方向的控制完全依靠一根操纵杆来实现。另外，该车没有设置制动装置，也没有减振机构，更没有车篷，包括驾驶人在内的两名乘员就坐在两个后轮之间的硬座上。

扫一扫

现代汽车的产生

图 1-4　卡尔·本茨制作的三轮车（又称奔驰一号）　　图 1-5　卡尔·本茨的汽车发明专利证书

正因这种车可以自己行走，后人才用希腊语中的"Auto"（自己）和拉丁语中的"Mobile"（会动的）构成复合词来命名这种类型的车，这就是"Automobile"（汽车）一词的来历。

本茨的夫人贝尔塔对丈夫的发明深信不疑，她带着两个孩子勇敢地开始了汽车史上的第一次长途旅行（见图 1-6）。5 天后，他们又驾车回到了曼海姆。贝尔塔也因为这次历史性的试验而成为世界上第一位汽车驾驶人。

在本茨获得现代汽车发明专利的同时，德国的另一位伟大的现代汽车创始人——戈特利布·戴姆勒也独立制造出了一辆现代汽车，从而与本茨一道被公认为是"现代汽车之父"，他们带领人类跨越马车时代，进入现代汽车的新纪元。

1886 年 8 月，戴姆勒成功地制造出世界上最早的乘坐用四轮汽油机汽车（见图 1-7）。该车装有单缸（缸径 122mm）、排量 0.47L、水冷、输出功率 0.845kW、转速 655r/min 的汽油机；发动机后置，装有摩擦式离合器，后轮驱动，采用转向杆转向；车架涂着深蓝色的油漆，座位上套着黑色皮套；车前挂着一盏灯笼用以夜晚照明；车速可达 17.5km/h，可变四个前进速度。1887 年 3 月，该车进行了第一次行驶试验，获得成功。

图 1-6　卡尔·本茨夫人与孩子驾驶汽车回家　　图 1-7　戴姆勒的第一辆四轮汽油机汽车

1890 年 11 月 28 日，戴姆勒组建了戴姆勒机动车有限公司，公司董事会成员奥地利驻法国使馆的领事、商人埃米尔·耶利内克投入大笔资金改良生产。从 1902 年开始，在汽车散热器上就一直写着埃米尔女儿的名字"Mercedes"（梅赛德斯）——作为汽车商标的名称，完全取代了"戴姆勒"的称谓。1909 年，"Mercedes"被戴姆勒公司正式申请为轿车品名。

三、汽车史上的六座发展里程碑

在百余年汽车发展史上,每一个品牌都有了自己的市场定位,传承着浓厚的文化积淀,得到了广大消费者的认可。例如:法拉利——跑车王国的"红色闪电",保时捷——跑车之王,劳斯莱斯——解读十年尊贵,梅赛德斯-奔驰——百年经典传承与延续,宝马——精英生活的个人宣言,凯迪拉克——权威的标尺,大众——平实中的至尊享受,雪铁龙——道路上的钢铁艺术,福特——经久不息的美国偶像,红旗——东方艺术的完美典范,现代——世界车坛的黑马。

从 19 世纪末到 20 世纪初,汽车发展历程上有六座最为重要的历史丰碑。

1. 开创汽车时代的梅赛德斯(Mercedes)

1891 年,法国人潘赫德·莱瓦索尔树立起了汽车工业技术史上的第一座里程碑。他生产的潘赫德·莱瓦索尔 B2 型汽车(见图 1-8)设计了专用底盘,将发动机装在汽车前部,通过离合器、变速装置和传动机构将动力传到后轮,确定了汽车传动的基本布局形式。这种方案后来被称之为"潘赫德系统",并成为全世界汽车制造业的结构样板,一直延续到了今天。今天,人们将其称为"常规"方案。

图 1-8　潘赫德·莱瓦索尔 B2 型汽车

由于他生产的汽车当年采用的是链条传动式结构,而且缺少在汽车转弯时可以使左右两轮以不同速度行驶的装置——差速器,因而汽车性能并不是十分优越。

1899 年 3 月,奥地利的埃米尔·耶利内克以自己 9 岁女儿(见图 1-9a)梅赛德斯(Mercedes)的名字为赛车报了名。由于他在赛车场上的出色表现,梅赛德斯成为幸运的同义词。

赛后,埃米尔以他女儿梅赛德斯的名字作为汽车名字向戴姆勒公司订购了 36 辆性能更好(轮距加宽、重心降低、发动机功率更高)的汽车。以后,该车(见图 1-9b)在赛车场不断获胜,并逐渐成为在欧洲贵族阶层中的流行车。1902 年,戴姆勒决定顺应形势,把自己公司所生产的汽车都命名为梅赛德斯,并且正式以梅赛德斯向有关部门申请了商标(见图 1-9c)。

a) 少女梅赛德斯

b) 1901年的梅赛德斯汽车

c) 早期的梅赛德斯商标(1916—1926)

图 1-9　少女"梅赛德斯"、1901 年的梅赛德斯汽车与早期的梅赛德斯商标

2. 大批量生产的福特 T 型车（FORD-T）

1908 年 10 月 1 日，汽车工业技术史上树起了第二座里程碑——这一天，福特汽车公司生产的福特 T 型车（见图 1-10）正式出厂了。

T 型车短小精悍、操作方便、功率强劲，发动机坚固耐用，燃料要求不高且易修理。汽车被设计成多功能型，不仅可以用来运输，还可以从事农耕、抽水及打谷等，可以说是真正意义上的"大众车"。这种少见的汽车一上市就引起了极大轰动，其低廉的售价和充足的货源充分满足了美国人尤其是农民对汽车的消费需求，使得大多数普通人可以拥有属于自己的汽车。这样一来，人们的旅行就从马车时代一下子跨越到了机器时代。T 型车（见图 1-11）彻底改变了美国人的生活方式和价值观念，将他们带入了汽车时代。

图 1-10　福特 T 型车

图 1-11　T 型车时代

3. 雪铁龙的前驱"强盗车"（Traction AVANT）

1934 年，法国雪铁龙汽车公司树起了汽车工业技术史上的第三座里程碑。

1934 年 3 月 24 日，雪铁龙"Traction AVANT"前轮驱动汽车（见图 1-12）问世。这种汽车几乎包括了现代汽车上大部分结构特点：整体车身结构、前轮驱动、带扭力杆的四轮独立悬架系统（单轮避振）、液压制动、自动变速器。

由于车型结构合理、性能先进，前轮驱动汽车很快便赢得了人们的赞誉，至少在行车安全性方面，它被证明优于常规结构汽车。雪铁龙前轮驱动汽车连续生产达 25 年之久。

4. 创造神话的"甲壳虫"（Beetle）

1933 年 11 月，费迪南德·保时捷提出了自己开发"大众轿车"的愿望，希望能够设计并生产这样一种汽车：采用风冷发动机，排量 1L，功率 19kW；采用独立悬架、整体车身；整车自重 650kg，最高时速 100km/h。

1934 年 6 月，大众甲壳虫汽车问世（见图 1-13）。

图 1-12　第一辆雪铁龙前轮驱动汽车

图 1-13　大众甲壳虫汽车

1936年10月12日,甲壳虫轿车进行了长达16万km的长途试车(见图1-14),并于1937年通过了技术鉴定。1937年5月28日,大众公司成立,并于1939年8月15日生产出第一批大众轿车。1998年,大众公司推出了全新打造的最新款甲壳虫汽车(见图1-15),加入了现代化的设计元素。

图1-14 甲壳虫在试车

图1-15 1998年推出的新款甲壳虫汽车

5. 风靡全球的"迷你"(Mini)

由原英国BMC汽车厂(今属路虎汽车公司)制造的迷你汽车(见图1-16)在1959年问世时被许多人认为是个开玩笑的东西。但正是这一不起眼的小东西引发了汽车技术的一场革命。这辆迷你车也当之无愧地成为汽车工业技术史上的第五座里程碑。

1959年秋天,BMC汽车厂以"奥斯汀-迷你"和"奥斯汀-迷你-未成年人"

图1-16 迷你汽车

两个品牌发售的第一批迷你车,首次采用了发动机前置、前轮驱动的设计方案;四轮独立摇臂悬架装置且采用橡胶锥体代替弹簧;动力系统和悬架装置一前一后分别与副车架结合后安装到车体上;车长3.05m,宽1.4m,重630kg;采用排量为0.848L的直列四缸功率为25kW的发动机。车轮直径只有10in⊖,这种设计的优点在于巧妙的重心分布以及适当的轴距和轮距。

6. 20世纪90年代热销的多用途汽车(MPV)

多用途汽车(见图1-17),英文全称为Multi-Purpose Vehicle,缩写MPV。这种由雷诺汽车公司于20世纪80年代创造的Espace牌MPV,以其新颖的车厢布局在汽车行业引起了轰动。

以前,汽车的后排座位是固定不动的。而

图1-17 多用途汽车(MPV)

⊖ 1in = 0.0254m。

MPV 则是车内每个座椅都可独立调节,可以做成多种形式的组合:既可是乘车形式,又可以组合成有小桌的小型会议室。车厢座椅位置从固定到可调,从固定空间布置到可变空间布置,标志着汽车使用概念上的变更。

受 MPV 设计概念的启发,家用汽车又相继出现了运动型多用途车(SUV)和休闲车(RV)(见图 1-18)。正因为 MPV 的出现,才使汽车设计者突破了旧的框架,设计出了各种各样的家庭汽车。

图 1-18 运动型多用途车——SUV 和 RV

四、汽车史上的技术革新

1. 充气轮胎

早期的马车、自行车都使用实心的橡胶轮胎,1893 年,奔驰公司生产的"维克托得亚"牌汽车(见图 1-19)采用的就是实心车轮。

1888 年,英国兽医邓禄普(J. B. Dunlop,1840—1921)取得了充气式"自行车和三轮车新式轮胎"(见图 1-20)的专利权。不过,当时的充气轮胎十分原始,像软管那样,用胶布粘牢在轮圈上,使用中极易磨损,刺破漏气更是常见之事。因此,在承载量较大的汽车上,这种简陋的充气轮胎并未得到推广。

图 1-19 采用实心车轮的"维克托得亚"牌汽车　　图 1-20 充气式自行车轮胎

在上百年的汽车发展过程中,各种轮胎(见图 1-21)(如多气室轮胎、带花纹轮胎、低气压轮胎、子午线轮胎、无内胎轮胎等)相继问世,人们给汽车穿上了合脚的"鞋子"。

轮胎技术与汽车技术的齐头并进,在很大程度上改善了现代汽车的行驶舒适性和操纵稳

图 1-21　形态各异的轮胎

定性，也使得汽车可以实现越来越多的功能（见图 1-22）。

2. 自动起动装置

1886—1912 年，世界上所有汽车"理所当然"地使用着手摇起动法，虽然有过脚踏起动和采用压缩空气起动的创新，但并没有从根本上解决起动费力的问题。

1912 年，美国通用汽车公司的工程师查尔斯·凯特林（C. Kettering）成功设计出了世界上第一个自动起动装置，并将其安装于当年生产的凯迪拉克轿车上（见图 1-23）。

图 1-22　装有巨型轮胎的工程车

a) 查尔斯·凯特林在试验起动装置

b) 首次装配电起动装置的凯迪拉克轿车

图 1-23　查尔斯·凯特林及 1912 款凯迪拉克

> **小知识**
>
> 自动起动装置的动力来源于一个小型电动机，电动机以蓄电池作为工作时的电源，它在运转时所产生的转矩经传动机构的传递，作用于发动机的飞轮上，以带动发动机的转动。起动以后，小型电动机停止运转，传动机构的小齿轮与发动机的飞轮脱离啮合。这种结构方式有效保证了起动过程中的安全，被公认为 20 世纪最重要的汽车创新。直到今天，它仍被广泛采用。

3. 四冲程发动机

在"奥托发动机"问世之前，所有发动机只有非压缩式（模仿每一行程都产生动力的蒸汽机工作原理设计）和气压式两类，它们的工作效率都非常低。

1866年，德国人奥托在总结前人成果的基础上，成功地制造出了一台在发动机历史上具有划时代意义的往复活塞式四冲程煤气发动机。它有进气、压缩、做功、排气四个行程（见图1-24），大大提高了工作效率，运转也因而变得更加平稳。

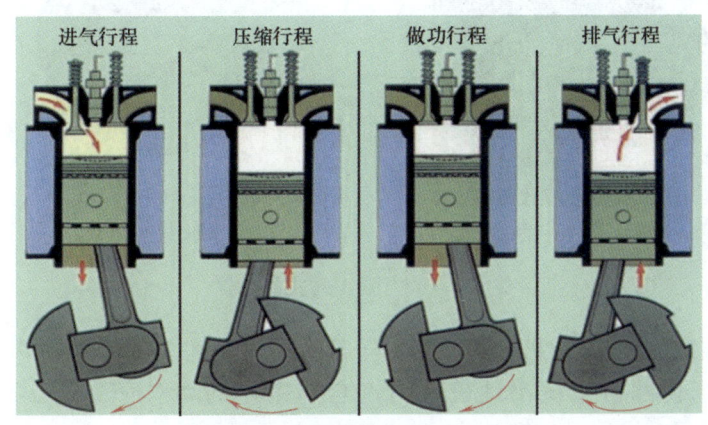

图1-24　四冲程发动机工作原理

4. 自动变速器

1904年，美国人斯特蒂文特在他制造的汽车上第一次应用了简单的自动变速器——具有高、低两速的简单离心式离合器。1907年，斯特尔森利用行星齿轮的传动原理制造了第一个液压变速器。1912年，哥伦比亚电磁厂制造了第一个电磁控制的自动变速器。1934年，奥兹莫比尔汽车公司推出了一种半自动式变速器，它采用行星齿轮变速，配合离合器来使汽车行驶。不久，通用汽车公司推出了液力耦合变矩器，它可以使起动过程中的转矩增强，这种结构形式至今仍在使用。

在自动变速器的发展过程中，美国人霍华德·辛普森做出了杰出贡献，他最先获得了由太阳齿轮、齿圈和行星齿轮巧妙构成的自动变速器专利。

图1-25所示是当代汽车上位于驾驶室内的手动变速器变速杆及自动变速器变速杆。

5. 鼓式制动器

早期的汽车采用与马车相同的轮胎制动器，随着汽车速度的日渐提高，对制动性能的要求也越来越高，于是，各种各样的制动装置相继问世。比较具有代表性的是前轮盘式制动器、抱闸式制动器、凸轮式制动器、盘式制动器等。其中，抱闸式制动器因其效果相对优良而被普遍采用。

a) 手动变速器变速杆

b) 自动变速器变速杆

图1-25　变速器

1902年，雷诺汽车公司采用了内胀式鼓式制动器（见图1-26），使制动力得到大幅度提高。但是，与之配套的钢索式或杆系式操纵机构却效率较低，影响了制动力发挥。后来，拉克赫德飞机制造厂创制了液压操纵的鼓式制动器。

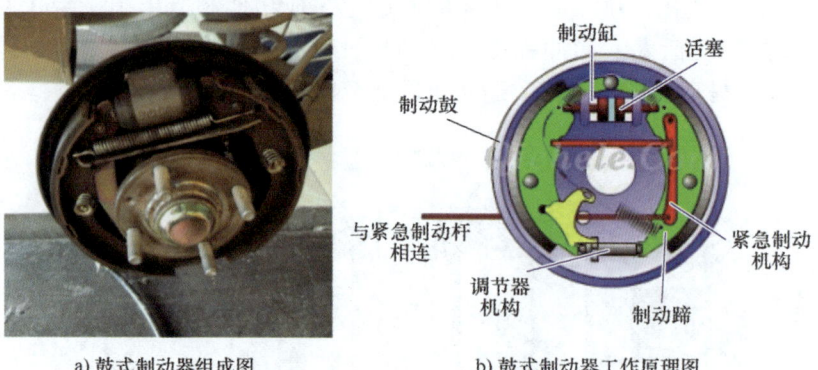

a) 鼓式制动器组成图　　b) 鼓式制动器工作原理图

图 1-26　内胀式鼓式制动器

鼓式制动器因结构简单、性能良好而在全球范围内得到了广泛应用，直到 1987 年，它在世界制动器市场仍然占有统治地位，约占全部销量的 56%（干盘式占 33%，湿盘式占 10%）。

6. 全钢车身

早期的汽车车身是在木质梯形框架上装个车篷，由于当时的汽油机功率太小，为了减轻重量，只能装用很轻且简单的车篷。

随着轿车车身封闭结构的流行以及金属冶炼、加工技术的进步，封闭式全钢车身汽车（见图 1-27）终于问世了。1923 年，道奇汽车采用了成型钢板闭合结构的安全型车身，将乘员安置在全钢车身之内。这种结构不仅提高了乘员的安全性，而且其外形还可以设计成更趋合理的流线型。

7. 安全玻璃

早期的汽车大多采用马车式结构，不安装风窗玻璃，因此，为了抵挡风沙对驾乘人员的侵袭，防尘眼镜便成了敞篷车的标准装备。

图 1-27　全钢车身汽车

1909 年，福特为其 T 型车的买主提供了可选择风窗玻璃的机会（见图 1-28）。当人们发现这块小小的玻璃能够避免风吹雨打及飞虫干扰后，便纷纷选购这种汽车。到 20 世纪 20 年代末，所有汽车制造商均将风窗玻璃纳入了自己产品的标准装备。当时，风窗玻璃是平的，并与车身成 90°夹角，既不美观，也不安全，一旦发生车祸，它就会成为危险的碎片。因此，寻求安全的玻璃便成为汽车制造商的当务之急。

美国人曾采用过以下两种"防振"型玻璃：一种是将金属丝以几英寸宽的行距，水平地穿过风窗玻璃，借以提高抗冲击能力，并将撞碎后的松散玻璃片牵连起来；另一种是将风窗玻璃做成两块夹层玻璃，玻璃中间夹有透明胶片，这种形式的风窗玻璃曾被许多厂家采用过。今天汽车上广泛采用的风窗玻璃使用了化学方法处理内层板，撞车后该内层板将破碎成若干小块（见图 1-29）并能伸长，起到了缓冲作用。

图 1-28 带风窗玻璃的福特 T 型车

图 1-29 破碎的风窗玻璃

8. 三元催化转换器

1970 年，美国《排气净化条例》的实施，加快了汽车排气净化装置研制的进程，加速了三元催化转换器（见图 1-30）的发展，提高了汽车发动机的排气标准。

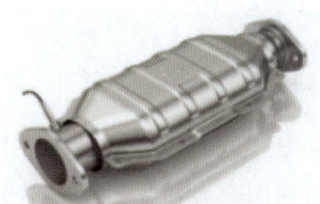
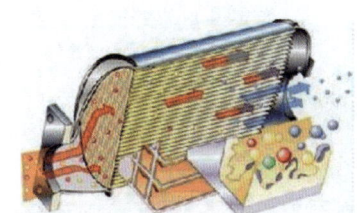

a) 三元催化转换器外形　　　　b) 三元催化转换器原理

图 1-30 三元催化转换器

三元催化转换器内装有催化剂（如铂和钯等），催化剂与废气相互作用后，大大减少了未燃烧的碳氢化合物、氧化氮和一氧化碳的排出量。三元催化转换器的采用，使汽车能够以较低的费用达到节省燃油、提高性能和净化排气的目的。

9. 晶体管

晶体管的发展，最初是为了取代电子管，后来，晶体管在交流发电机、电喇叭、电动刮水器、继电器等装置中得到了广泛应用。目前，汽车上广泛运用的"计算机"是一个使用大量晶体管的实物。燃油喷射、点火时刻、车厢温度、制动防抱死、照明灯光、安全气囊、自动换档，乃至轮胎气压等，均可由"计算机"控制。

10. 汽车安全设施

随着车速的提高及汽车保有量的增加，交通事故越来越多。面对血的教训，人们认识到了安全带的作用（见图 1-31）：撞车时，它可以使驾驶人和前排乘员缓慢前移，从而减轻猛烈撞击对人体造成的伤害；翻车时，可以避免乘员被甩出车外造成的伤亡。于是，许多国家相继

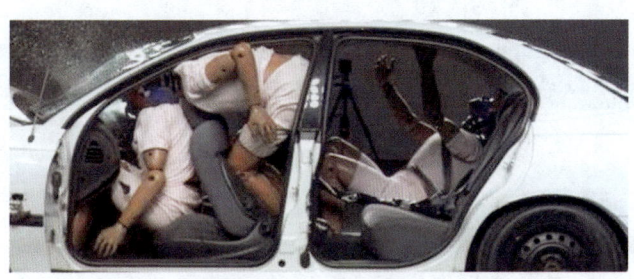

图 1-31 未系安全带，乘员冲离座位

采取强硬措施，规定小客车必须装配安全带。

随着人们对汽车安全的重视，欧美国家的政府部门相继制定出了汽车的防撞标准。例如，车顶的防压，车门锁的强度，安全带、安全气囊（见图 1-32）、座椅和头枕的强度与移位，风窗玻璃与车身两侧的防撞和照明，车外视野，轮胎质量，制动性能等。

图 1-32　安全带与安全气囊配合发挥作用

课后练习

一、填空题

1. 1885 年，德国人_____制成了一辆利用内燃机做动力的三轮车，他被世人誉为_____。

2. 1934 年，奥兹莫比尔汽车公司推出了一种半自动式变速器，它采用_____变速，配合离合器来使汽车行驶。不久，通用汽车公司推出了液力耦合_____，它可以使起动过程中的转矩增强，这种结构形式至今仍在使用。

3. 1923 年，_____汽车采用了成型钢板闭合结构的安全型车身，将乘员安置在全钢车身之内。

4. 1866 年，德国人奥托在总结前人成果的基础上，成功地制造出了一台在发动机历史上具有划时代意义的往复活塞式四冲程煤气发动机。它有_____、_____、_____、_____四个行程，大大提高了工作效率，使运转变得更加平稳。

二、简答题

1. 简述从 19 世纪到 20 世纪初，汽车发展历程上最为重要的六座里程碑。
2. 简述在众多技术成果中，哪些技术革新对汽车技术的进步起到了巨大的推动作用。

任务二　现代汽车工业

 学习目标

1. 熟知各国汽车工业的形成与发展。
2. 熟知我国汽车工业的发展情况。

3. 熟知世界汽车工业的发展趋势。

建议学时

4 学时。

相关知识

一、各国汽车工业的形成与发展

1. 美国汽车工业

从 20 世纪初开始，美国汽车工业的发展经历了七个阶段。

（1）**第一阶段（1900—1915）** 1893 年，汽车开始在美国大量生产，人类进入了汽车时代。美国奥兹莫比尔在 1903 年共生产了 3924 辆 R 型 "弯挡板" Curved Dash 汽车（见图 1-33），奥兹莫比尔的 "弯挡板" 汽车是世界上第一款实现大批量生产的汽车。

1913 年，福特汽车公司创建了世界上第一条汽车装配生产流水线（见图 1-34），使汽车产量大大提高。

图 1-33　Curved Dash 汽车

图 1-34　第一条汽车装配流水线

（2）**第二阶段（1916—1929）** 这个时期，美国汽车工业为满足消费者需求已经能够生产 8 缸发动机跑车，时速可达 115mile[⊖]。1925 年，美国第三大汽车制造厂商克莱斯勒汽车公司成立。

（3）**第三阶段（1930—1942）** 空气动力原理应用在汽车的发动机设计中，汽车技术在这个时期出现长足进步。吉普车也出现在这一时期。当时，全球市场上有 15 家厂商制造豪华型汽车，Packard 占了 50% 的市场。Packard 汽车公司共制造 7 种时速可达 100mile 的高性能 Packard 汽车（见图 1-35），被视为当时豪华汽车的代表。

（4）**第四阶段（1946—1959）** 第二次世界大战后，美国人迅速地将目光从战场转向了科技发展，一场汽车工业内部的技术竞争拉开了帷幕。1948 年，福特公司设计的第一辆全新汽车——"1949 福特"（见图 1-36）车型在纽约隆重推出。

随着喷气飞机时代的来临，通用公司的设计师哈里·厄尔将尾翼的理念运用到了车身设

⊖　1mile = 1609.344m。

计上，推出了 Cadillac Sedanet。此后一段时间，在美国的公路上到处飞扬着凯迪拉克的尾翼（见图 1-37），带着飞机尾翼的汽车成了这一时代最有代表性的设计。

图 1-35　1932 年的 Packard 敞篷汽车

图 1-36　1949 福特汽车

20 世纪 50 年代福特雷鸟汽车（见图 1-38）是跑车的代言者，1955 年，福特公司生产的雷鸟 8 缸双人座跑车，因控制轻巧、华丽造型获得了高度评价，在美国风靡一时。

图 1-37　凯迪拉克尾翼

图 1-38　福特雷鸟汽车

（5）第五阶段（1960—1979）　消费者抛弃了以往以大为美的汽车造型，传统而保守的造型蔚然成风，以甲壳虫为代表的小型汽车大为流行。1964 年福特野马（Mustang）汽车（见图 1-39）率先掀起小型车的革命。当捷豹 XKE 汽车（见图 1-40）第一次在 1961 年的纽约国际汽车展览会上出现时，立刻引起轰动。

图 1-39　福特野马汽车

图 1-40　捷豹 XKE 汽车

（6）第六阶段（1980—2000） 从 20 世纪 80 年代起，美国汽车工业不断推出新汽车造型——被称为小型箱式车（Minivan）的客货两用轻型汽车。这一举成为最受家庭喜爱的车种，这种汽车的外形更接近于普通小汽车，只是车厢后部增加了可以放置物品的空间，占车厢的 1/3，驾驶时的感觉也与普通小汽车类似。它既有载货和越野功能又可以作为代步工具，是可以驾驶上下班的汽车。

（7）第七阶段（2000 年至今） 美国通用汽车公司成立于 1908 年，总部设在美国的汽车城底特律，是美国第一大汽车公司，其标志是英文名称前两个单词的首字母（见图 1-41）。1998 年通用汽车公司与上海汽车集团公司合资，在上海成立了上海通用汽车公司。

图 1-41　通用汽车公司标志

> **小知识**
>
> 　　目前美国汽车工业的三大巨头为通用公司、福特公司、克莱斯勒公司（即戴姆勒-克莱斯勒公司）。
> 　　福特汽车公司旗下拥有的汽车品牌有：美国有福特（Ford）、林肯（Lincoln）、水星（Mercury）；日本有马自达（Mazda）；英国有阿斯顿·马丁（Aston Martin）。

2. 德国汽车工业

德国是现代汽车的发祥地，也是生产汽车历史最悠久的国家之一。自从 1886 年卡尔·本茨发明第一辆汽车至今，德国汽车工业已经走过了 120 多年的五个阶段发展历程。

（1）第一阶段：发明试验阶段（1886—1910） 1914 年第一次世界大战前，德国汽车工业已基本形成，从事汽车制造的工人达 5 万多人，年产量达 2 万辆，这是仅次于美国的汽车产量。

（2）第二阶段：不断完善阶段（1911—1940） 在 1923 年至 1929 年这 7 年，被称为德国汽车工业"黄金般的 20 年代"。这一时期，汽车工业发展迅速，现代汽车技术不断得到完善。1933 年的德国很重视发展汽车工业，汽车的诱人前景和迅速发展起来的高速公路网，使此后的 30 年再次成为德国汽车生产的"黄金时代"。这一时期最成功的汽车是奔驰 170V（见图 1-42）。

（3）第三阶段：迅速发展阶段（1941—1960） 1950 年，德国的汽车产量达到 30 万辆，汽车产量大幅提升，尤其以大众公司的"甲壳虫"汽车（见图 1-43）为代表，标志着德国汽车工业进入飞速发展阶段。到 1960 年，德国汽车年产量已达 200 万辆，成为欧洲最大的汽车生产国和出口国。

（4）第四阶段：高科技广泛应用阶段（1961—20 世纪末） 从 20 世纪 60 年代开始，德国的汽车工业继续以较高速度发展，但由于竞争激烈，汽车厂家由 100 多家到仅剩下 10 多家，而产量却不断提高。现代科技广泛应用于汽车工业，汽车生产开始进入成熟阶段。

（5）第五阶段：汽车产业整合再发展阶段（20 世纪末至今） 20 世纪末以来，德国经济形势持续低迷，使得汽车销售量大幅下滑。自 1999 年至今，德国国内市场汽车销量下跌 15%。

图1-42　奔驰170V

图1-43　"甲壳虫"汽车

20世纪90年代后期，全球汽车业出现资产重组、联合兼并的浪潮。这一时期德国汽车业发生的比较重大的重组事件有：奔驰与克莱斯勒合并、大众收购宾利、宝马收购劳斯莱斯。

> **小知识**
>
> 目前，德国汽车业主要由五大汽车公司垄断，分别是奔驰（即戴姆勒-克莱斯勒公司）、大众、宝马、欧宝和美国福特汽车公司在德国的子公司。

3. 法国汽车工业

法国汽车工业兴起较早，标致、雪铁龙、雷诺均为百年品牌，它们足以和德国汽车品牌并驾齐驱。

法国出现第一辆汽油车是在1890年，由阿尔芒·标致创立的标致汽车公司生产，成为法国第一大汽车厂商；而标致汽车公司的产量也猛增十几倍，一跃成为法国第二大汽车公司；雪铁龙汽车公司则因经营不善而被标致汽车公司于1976年收购。1999年3月，雷诺汽车公司收购了日产汽车公司36.8%的股份。

法国汽车的总体特点是车体较小而设计新颖，符合大众化需求，雷诺的"丽人行"（Twingo）微型车（见图1-44）在欧洲曾多次荣登销量第一的宝座。

图1-44　雷诺丽人行汽车

4. 英国汽车工业

英国汽车的制造能力十分强大，英国汽车的制造范围涵盖了轿车、商用车、公交车、客车等多领域。根据英国汽车制造商与交易商协会的数据，2013年，英国共生产整车160万辆，相当于每20s就有一辆新车下线，其中77%的产品出口到世界各地。在发动机技术和系统方面，英国汽车产业有着绝对领先的制造能力。英国是全球汽车发动机研发和生产的中心，其动力总成设计始终保持世界领先水平，尤其在发动机设计方面优势显著。

> **小知识**
> 英国的汽车品牌主要有劳斯莱斯、宾利、阿斯顿·马丁、莲花、名爵、罗孚等。

5. 日本汽车工业

日本汽车制造业始于吉田真太郎，1904 年他成立日本第一家汽车厂——东京汽车制造厂（现五十铃汽车公司），3 年后制造出第一台汽油轿车"太古里 1 号"。随后，日本国内出现了众多汽车制造厂。1914 年，三菱重工制造了 22 台 Model A 汽车（见图 1-45），这是日本历史上第一款量产车型。Model A 的外观借鉴了菲亚特 A3-3。

图 1-45　Model A 汽车

日本的汽车工业起步比欧美晚约 30 年。日本的汽车工业经过 20 世纪 50 年代的恢复和重建，在 20 世纪 60 年代迎来高速发展；70 年代，日本汽车以低价、省油、可靠性高、市场适应力强大的特点进入国际市场；1980 年，产量首次突破 1000 万辆大关，日本成为世界第一大汽车生产国。80 年代是日系车完成海外布局的时期：1983 年日产在北美建厂，1984 年丰田在北美建厂，三菱与克莱斯勒合作，马自达与福特牵手，铃木与通用在加拿大联手，富士与五十铃抱团。1990 年，日本汽车产量达到 1350 万辆，攀上历史巅峰。

> **小知识**
> 日本现有汽车生产厂商 11 家，分别是丰田、日产、本田技研、马自达、三菱、铃木、大发、富士重工、五十铃、日野和日产柴油机工业公司。

6. 韩国汽车工业

韩国最早从事汽车生产的公司是起亚汽车公司，始建于 1944 年 12 月。1962 年，韩国以间接利用外资的方式，向国外公司购买技术，开展技术合作，以 SKD（即大总装直接引进组装）的形式开始了民族汽车发展之路。不久，为了提高本国的零部件国产化率及汽车产业的经济规模，韩国政府将 SKD 方式转化为 CKD 独立生产方式。1966 年，当时韩国最大的汽车公司新进公司所制造的克罗娜（Corona）轿车的国产化率已经达到 21%。但是在此后十多年里，韩国汽车生产能力增长缓慢，到 1970 年汽车产量仅为 2.8 万辆。20 世纪 70 年代后，韩国政府实行"汽车国产化"政策，各汽车公司开始大规模引进国外生产技术，这使韩国的汽车工业得以飞速发展。进入 20 世纪 80 年代，汽车产量开始快速增长，1985 年达到 37 万辆，1986 年猛增 60 万辆，1989 年达到 113 万辆。此后 5 年内，韩国汽车产量年均增长率保持在 15% 左右，2000 年突破 300 万辆；并形成了现代、起亚、大宇、双龙四大汽车公司鼎立的国内市场格局，汽车总产量仅低于日本，为亚洲地区第二大汽车生产国。韩国汽车工业产品结构主要为乘用车。

伴随着汽车产量的快速增长，韩国汽车出口从 1983 年开始进入快速增长时期，并于 1986 年超过其国内销售汽车数量，达到 30.6 万辆。到 1995 年，韩国汽车出口已达 110 万辆，出口量在全球排名为第六位。至此，韩国汽车业完成了从无到有的资本积累，并初步确立起了现代汽车工业生产体系和面向全球的营销网络。1997年，韩国汽车工业在世界排名上升到第4位，出口排第6位，成为名副其实的汽车大国。韩国的汽车生产企业主要有现代、起亚、GM大宇、雷诺三星和双龙公司（见图1-46）。

a）韩国现代汽车工业馆

b）韩国双龙汽车平泽工厂

图1-46　韩国现代汽车工业

二、我国汽车工业的发展历程

1902年，袁世凯用1万两白银购进一辆汽车，供慈禧太后使用（见图1-47）。

1931年5月31日，我国第一辆国产汽车——民生牌75型载货汽车终于问世。1943年，支秉渊（现中国机械工业奠基人之一）自行设计并试制成功一辆国产汽车，曾行驶于湖南黎家坪至祁阳之间，现只留有照片（见图1-48）。

图1-47　慈禧太后乘坐的汽车

图1-48　支秉渊及其制造的汽车

我国汽车工业的发展可概括为起步、成长、开放合作和快速发展四个阶段。

1. 我国汽车工业起步阶段（1950—1965）

我国汽车工业起步阶段的特征是：首先在吉林省长春市建成了中国第一汽车制造厂，实现了中国汽车工业零的突破；接着建立了南京汽车制造厂、上海汽车制造厂、济南汽车制造厂、北京汽车制造厂，形成了五个汽车生产基地。

1951年4月，第一汽车制造厂在长春兴建并开始工厂设计；1953年7月15日，在长春隆重举行了第一汽车制造厂（简称一汽）（见图1-49）奠基典礼大会。

1956 年 7 月 13 日，第一辆解放 CA10 型载货汽车下线（见图 1-50），这标志着我国不能制造汽车的历史从此结束。1958 年 5 月 5 日，一汽生产出了第一辆东风 CA71 型轿车（见图 1-51）。

图 1-49　第一汽车制造厂

图 1-50　第一辆解放 CA10 型载货汽车

1958 年 7 月，第一汽车制造厂自行设计研制的第一辆红旗牌 CA72 高级轿车诞生（见图 1-52）。红旗牌高级轿车是我国国产高级轿车的先驱，被列为国家礼宾用车，并作为国家领导人乘坐的庆典检阅车。

图 1-51　中国第一辆轿车——东风 CA71 型

图 1-52　红旗 CA72 轿车

1958 年以后，中国汽车工业出现了新的情况，汽车制造厂由当初的一家发展为 16 家，维修改装厂也发展为 28 家。其中，南京、上海、北京和济南共 4 个有基础的汽车制配厂，经过技术改造后成为继一汽之后第一批地方汽车制造厂。1958 年 3 月 10 日，第一辆跃进牌 NJ130 型 2.5 吨轻型载货汽车试制成功（见图 1-53）；同年 6 月，试制出第一辆 NJ230 型 1.5 吨越野汽车；同年 6 月 10 日，工厂改名为南京汽车制造厂，成为第二家中央直属的汽车企业。

1958 年 9 月，上海汽车装配厂试制成

图 1-53　跃进牌 NJ130 型轻型载货汽车

功了第一辆凤凰牌轿车（见图1-54）。1960年10月，上海汽车装配厂扩建，更名为上海汽车制造厂。1964年12月，上海汽车制造厂开始生产上海牌SH760型轿车。

1960年4月，济南汽车制造厂试制成功了黄河牌JN150型8吨重型载货汽车。1961年，北京汽车制造厂被批准作为生产轻型越野汽车的基地，同年试制出第一辆北京BJ210型轻型越野汽车（见图1-55）。1966年5月，北京汽车制造厂的越野汽车设计被批准定性，并投入批量生产。到1966年年初，我国形成了五大汽车生产基地，至1965年年底，全国汽车生产累计17万辆。

图1-54　凤凰牌轿车

图1-55　北京BJ210型轻型越野汽车（1961年）

2. 我国汽车工业成长阶段（1965—1980）

成长阶段的特征是：先后建成了第二汽车制造厂、四川汽车制造厂和陕西汽车制造厂三个主要生产军用越野汽车的汽车制造厂；开发矿用自卸汽车和重型汽车；在地方积极建设汽车制造厂。

1965年12月21日，中汽公司决定成立第二汽车制造厂筹备处；1967年4月1日，第二汽车制造厂正式破土动工并举行开工典礼；1969年，第二汽车制造厂正式开始建设。

1975年7月1日，第二汽车制造厂东风EQ240型2.5吨越野汽车的生产基地基本建成并投产。1978年7月，第二汽车制造厂东风EQ140型5吨载货汽车生产基地基本建成，并开始投入批量生产。

1966年3月11日，四川汽车制造厂举行开工典礼，厂址选定在四川大足（现隶属于重庆市）。1966年6月，四川汽车制造厂红岩牌CQ260型越野汽车在綦江齿轮厂试制成功，后改型为红岩CQ261型。1971年7月，四川汽车制造厂批量投产红岩CQ261型越野车。

1969年以后，上海、长春（一汽）、本溪等地投入矿用自卸车辆的研制。1969年10月，国产第一台32吨矿用自卸车在上海试制成功（见图1-56）。

图1-56　我国第一辆矿用自卸汽车

3. 我国汽车开放合作阶段（1981—1999）

这一阶段的特征是：将汽车工业发展成为国民经济支柱产业；在产量不断提高的同时，加快进行产品结构调整；引进国外先进技术和资本；轿车工业迅猛发展，由此拉开了汽车进入家庭的序幕；生产集中度明显提高，汽车年产量高速增长。

1987年和1988年，生产时间最长的三种载货汽车老产品开始换型，转产新解放、新跃进、新黄河。1989年6月23日，第一辆我国国产斯太尔重型载货汽车在济南汽车制造总厂诞生。

1983年，上海汽车厂试装桑塔纳成功。1984年10月10日，上海汽车厂与德国大众签署合资协议。1985年3月21日，上海大众有限公司成立，开始批量生产桑塔纳，标志着中国汽车工业从此掀开了历史性的一页。桑塔纳（见图1-57）实际上为新时期的中国汽车业发展开辟了一条道路，奠定了中国轿车工业的基础，开创了一个新纪元。上海大众一期改造后，达到年产6万辆的生产能力，拥有了国内第一条高标准轿车整车生产线，确立了中国轿车工业新的规模标准。

图1-57　上海大众桑塔纳轿车

众多生产厂分别采取引进技术、工厂改造和扩大生产能力等措施，发展轻型、微型汽车（包括厢式货车和客车）。进入20世纪90年代，一汽、二汽、北汽（北京汽车工业集团）、南汽分别建立合资轿车生产企业，一汽大众（中德合资）、神龙汽车（中法合资）、北京吉普（中美合资）、南京依维柯（中意合资）等汽车品牌相继进入大众的视线。

1978年，我国汽车年产量14.9万辆，这一时期的汽车产品主要以载货汽车和越野汽车为主。2000年，我国汽车年产量突破200万辆，从只能生产货车的单一品种，发展到生产货车、客车、轿车、越野车、自卸车、牵引车等6大类150多个基本车型，以及厢式、罐式、矿用自卸车、特种作业专用汽车1000多种产品，并开始出口汽车，1978年国产品牌汽车市场占有率达到90%以上。

4. 我国汽车工业快速发展阶段（2000年至今）

我国的汽车工业尤其是乘用车工业技术进步很快：新车型层出不穷；科技进步加快，整车技术特别是环保指标大幅度提高；与国外汽车巨头的生产与营销合作步伐明显加快，引进外国企业的资金、技术和管理经验；汽车企业的组织结构稳步优化。

经过十几年的发展演变，如今初步形成了"3+X"的格局，"3"是指以一汽、东风、上汽三家企业为骨干，"X"是指广汽、北汽、长安、南汽、哈飞、奇瑞、吉利、昌河、华晨等一批企业为辅助。中国汽车工业已经从原来各自独立的局面改变成为现在以大集团为主的规模化、集约化的产业新格局，中国汽车工业已经成为世界汽车工业的重要组成部分。

2007—2017年的十年间，我国汽车销量增速远高于发达国家汽车销量增速。2006—2016的十年间，我国乘用车销量复合增速达到16.8%。2016年，受益于小排量汽车购置税优惠政策，当年汽车销量增速达到 15.3%。

2017 年受购置税政策变化的影响，年乘用车销量增速仅 1.4%。2018 年，我国汽车产销量比上年同期分别下降 4.2% 和 2.8%，28 年来首次下滑。从产品结构上来看，负增长主要体现在乘用车方面，商用车还是保持了正增长的态势，新能源汽车业也保持着高速增长的态势。2019 年 1—6 月，乘用车产销量分别是 997.8 万辆和 1012.7 万辆，同比下降了 15.8% 和 14%。据预测，2019 年我国汽车市场销量约 2810 万辆，与 2018 年基本持平。其中，乘用车预计可销售 2370 万辆左右，与 2018 年基本持平；商用车预计销售 440 万辆左右，同比增长约 1%；新能源汽车预计销售 160 万辆，同比增长 30%；平衡了车辆进出口以后，2019 年全年市场需求约为 2810 万辆。

我国历年汽车销量及增速如图 1-58 所示。

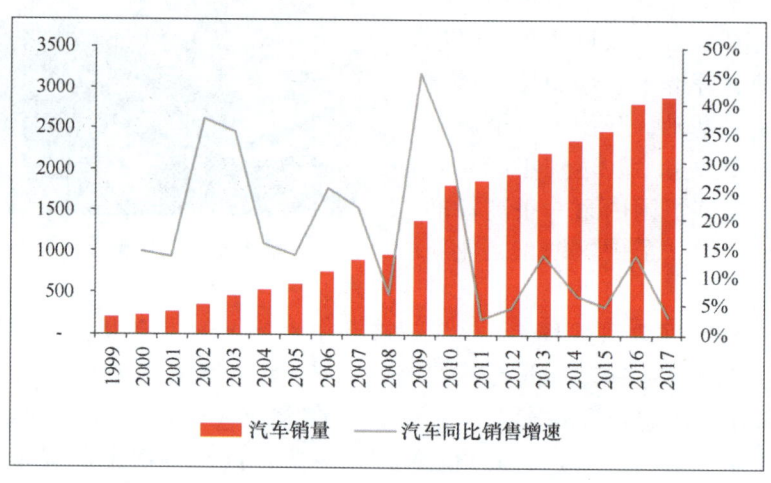

图 1-58　我国历年汽车销量及增速（万辆）

5. 我国汽车产业政策

近些年，国家出台了很多汽车产业的政策，以达到促进汽车产业和社会经济发展的目的。汽车行业相关政策见表 1-1。

表 1-1　汽车行业相关政策

名称	发布部门	发布时间	相关产业政策
《制造业设计能力提升专项行动计划（2019—2022 年）》	工业和信息化部等 13 部门	2019 年 10 月	在高档数控机床、工业机器人、汽车、电力装备、石化装备、重型机械等行业，以及节能环保、人工智能等领域实现原创设计突破
《关于稳定和扩大汽车消费若干措施的通知》	国家发展和改革委员会等 11 部门	2020 年 4 月	鼓励金融机构积极开展汽车消费信贷等金融业务，通过适当下调首付比例和贷款利率、延长还款期限等方式，加大对汽车个人消费信贷支持力度，持续释放汽车消费潜力

(续)

名称	发布部门	发布时间	相关产业政策
《关于进一步释放消费潜力促进消费持续恢复的意见》	国务院办公厅	2022年4月	稳定增加汽车等大宗消费，各地区不得新增汽车限购措施，已实施限购的地区逐步增加汽车增量指标数量、放宽购车人员资格限制，鼓励除个别超大城市外的限购地区实施城区、郊区指标差异化政策，更多通过法律、经济和科技手段调节汽车使用，因地制宜逐步取消汽车限购，推动汽车等消费品由购买管理向使用管理转变。建立健全汽车改装行业管理机制，加快发展汽车后市场。全面取消二手车限迁政策，落实小型非营运二手车交易登记跨省通办措施。对皮卡车进城实施精细化管理，研究进一步放宽皮卡车进城限制
《关于减征部分乘用车车辆购置税的公告》	财政部、税务总局	2022年5月	对购置日期在2022年6月1日至2022年12月31日期间内且单车价格（不含增值税）不超过30万元的2.0L及以下排量乘用车，减半征收车辆购置税
《关于搞活汽车流通 扩大汽车消费若干措施的通知》	商务部等17部门	2022年7月	鼓励各地综合运用经济、技术等手段推动老旧车辆退出，有条件的地区可以开展汽车以旧换新，加快老旧车辆淘汰更新。鼓励金融机构在依法合规、风险可控的前提下，合理确定首付比例、贷款利率、还款期限，加大汽车消费信贷支持

6. 我国汽车产业产销情况

2017—2022年H1我国汽车产、销量情况分析如图1-59所示。

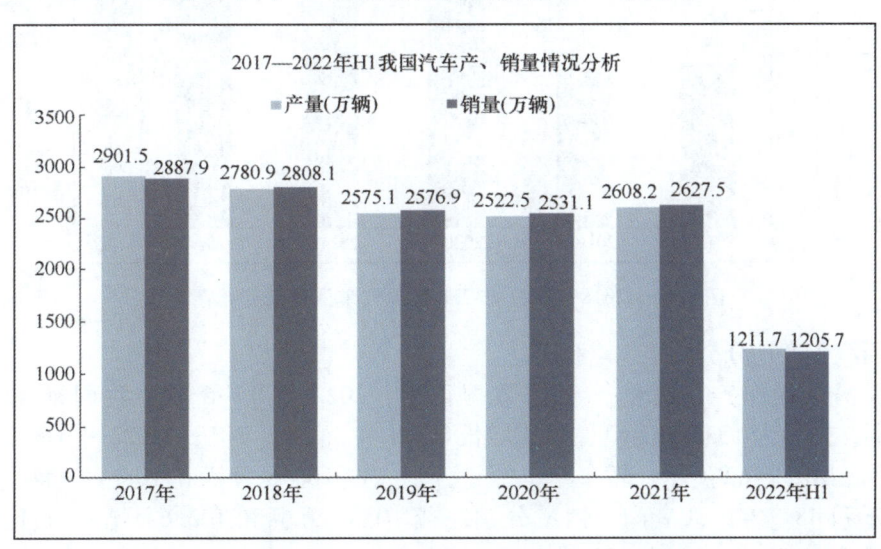

图1-59　2017—2022年H1我国汽车产、销量情况分析

7. 我国汽车出口情况

2022年1—6月，我国汽车出口量为121.8万辆，同比2021年1—6月增长35%。其中，乘用车出口量为19.8万辆，同比增长65.6%；商用车出口量为5.1万辆，同比增长32.4%。我国已成为世界上汽车出口大国，汽车行业发展前景可观。2016—2022年H1我国

汽车出口量变化情况如图1-60所示。

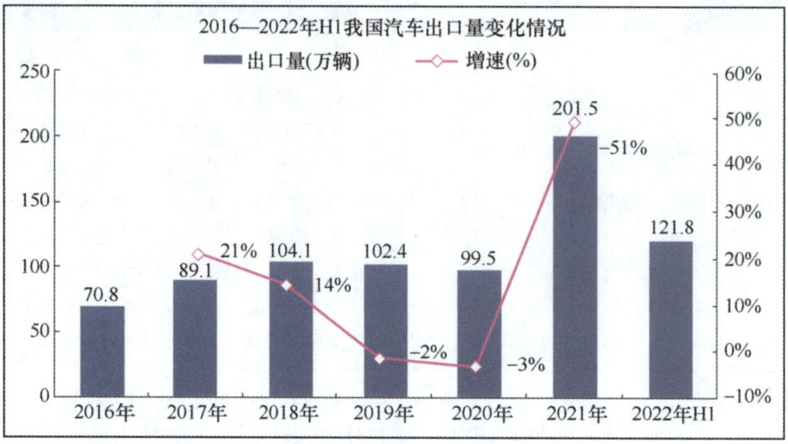

图1-60 2016—2022年H1我国汽车出口量变化情况

8. 我国汽车保有量变化

从2018年到2022年上半年,我国汽车保有量呈现稳定上升趋势,从2018年的2.4亿辆提升到2022上半年的4.06亿辆,如图1-61所示。

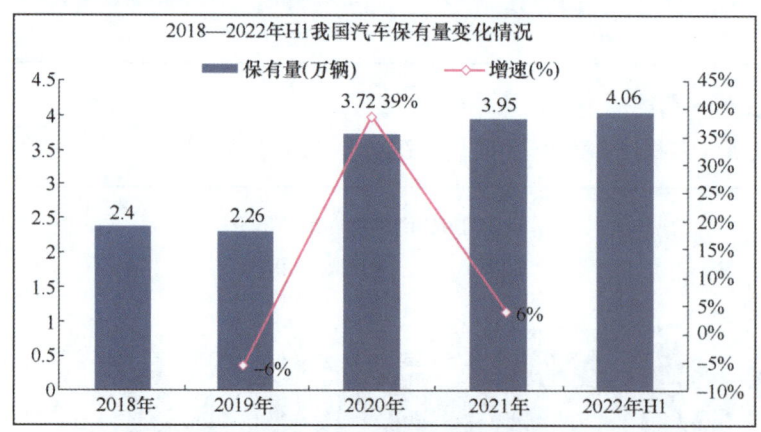

图1-61 2018—2022年H1我国汽车保有量变化情况

9. 我国汽车产销分类

(1)我国乘用车产、销量　根据数据得出,2022年1—6月,我国乘用车产量为1043.4万辆,销量为1035.5万辆,同比增长6.0%和3.4%,2017—2022年H1我国乘用车产、销量情况如图1-62所示。轿车产、销量分别完成108.6万辆和108.4万辆,同比分别增长47.7%和48.7%;SUV产、销量分别完成105.5万辆和103.6万辆,同比分别增长45.8%和38.9%。

(2)我国商用车产、销量　2022年1—6月,我国商用车产、销量分别为168.3万辆和170.2万辆,同比分别下降38.5%和41.2%。分车型看,货车产、销量分别完成150.7万辆和152.2万辆,同比下降39.3%和42.2%;客车产、销量分别完成17.6万辆和18万辆,同比下降31.8%和30.5%。2017—2022年H1我国商用车产、销量情况如图1-63所示。

(3)我国新能源汽车产、销量　2022年1—6月,我国新能源汽车产、销量分别为

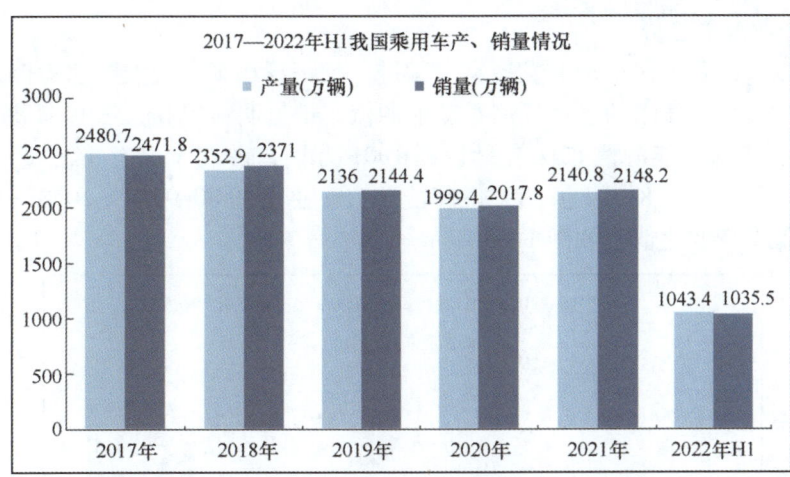

图 1-62　2017—2022 年 H1 我国乘用车产、销量情况

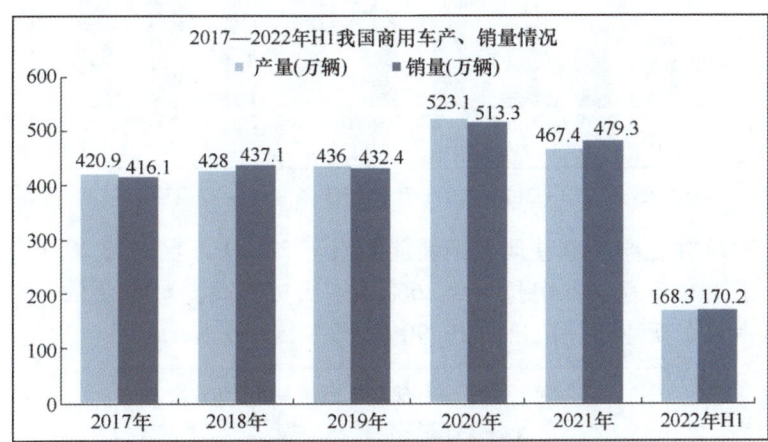

图 1-63　2017—2022 年 H1 我国商用车产、销量情况

266.1 万辆和 260 万辆，同比增长 1.2 倍，市场渗透率为 21.6%。从车型来看，纯电动汽车产、销量分别完成 210.8 万辆和 206.2 万辆，同比增长 1.1 倍和 1.0 倍。2017—2022 年 H1 我国新能源汽车产、销量情况如图 1-64 所示。

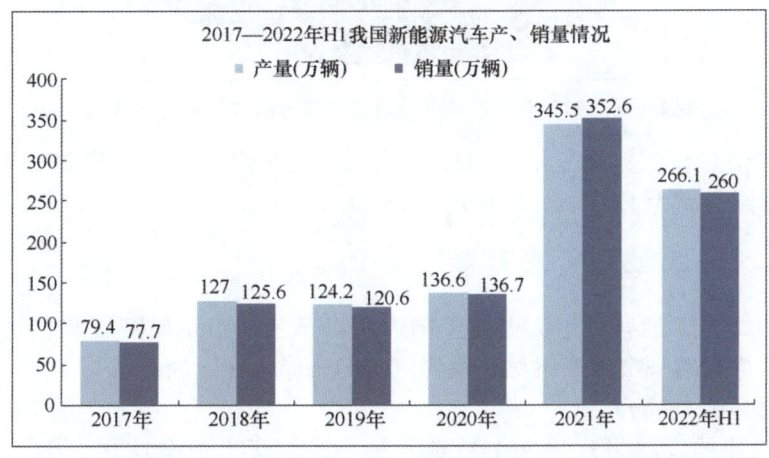

图 1-64　2017—2022 年 H1 我国新能源汽车产、销量情况

10. 汽车产业未来趋势

改革开放以来，我国汽车产业发展突飞猛进，已跻身汽车产量大国和销售大国之列，近年来，随着新能源汽车技术的飞速发展，新能源汽车销量明显提高，占有率显著提升。截至2022年6月底，我国新能源汽车保有量达到1001万辆，占汽车保有量总量的3.23%。其中，纯电动汽车保有量为810.4万辆，占新能源汽车总量的80.93%。2018—2022年H1我国新能源汽车保有量变化情况如图1-65所示。

图1-65　2018—2022年H1我国新能源汽车保有量变化情况

数据显示，2022年上半年新注册登记新能源汽车220.9万辆，与2021年上半年新注册登记量相比增加了110.6万辆，增长100.26%，创历史新高。更重要的一点是，新能源汽车新注册登记量占汽车新注册登记量的19.90%，如图1-66所示。

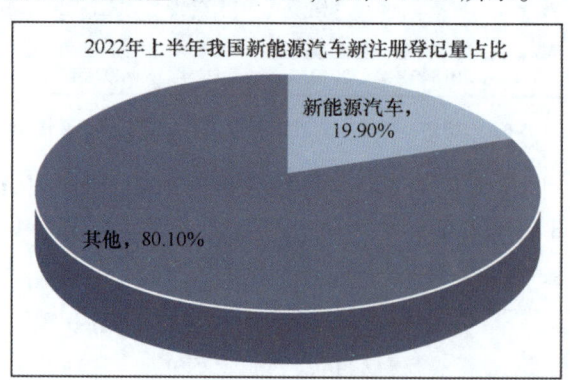

图1-66　2022年上半年我国新能源汽车新注册登记量占比

根据工业和信息化部数据显示，2021年我国新能源汽车销量达到352.1万辆，同比增长1.6倍，市场渗透率为13.4%，同比增长8%。

三、世界汽车工业的发展趋势

2009年6月1日，拥有百年历史的美国通用汽车公司申请破产保护，这是美国工业领域有史以来规模最大的一次破产案例。世界汽车的格局正在全面被改写。

1. 世界汽车工业的特点

世界汽车工业的发展呈现出两个特点：第一，汽车工业全球化；第二，世界汽车技术创新化。

2. 世界汽车工业的格局

1998年，德国最大的汽车工业企业戴姆勒-奔驰汽车公司和美国第三大汽车公司克莱斯勒汽车公司的合并震撼了世界，涉及的市场资本高达920亿美元。两家合并后，原有世界汽车工业竞争格局发生了显著变化。1999年和2000年，有关汽车企业联合兼并、资产重组的消息不断传出，比较引人注目的有：美国福特汽车公司以65亿美元收购沃尔沃轿车部；法国雷诺汽车公司以54亿欧元购买日本日产汽车公司36.8%的股份，从而取得了对后者的控制权，形成雷诺-日产战略联盟；雷诺汽车公司又以5.4亿美元的价格购买了韩国三星汽车公司70%的股份；沃尔沃公司与雷诺汽车公司进行资产置换，前者以15%的股份换取后者的载货汽车部门RVI，从而构成新的沃尔沃RVI载货汽车公司；之后，雷诺汽车公司又在证券交易市场上购买沃尔沃5%的股份，拥有沃尔沃公司股份的比重达到20%；戴姆勒-克莱斯勒汽车公司先后收购日本三菱34%和韩国现代10%的股份，从而结成戴姆勒-克莱斯勒、三菱和现代联盟；通用汽车公司与菲亚特汽车公司进行资产置换，前者拥有后者20%的股份，而后者又占前者5%的股份，结成通用-菲亚特联盟，从而成为世界上首家汽车年销量超过千万辆的企业联合体。

经过几年的演变，世界汽车工业已基本形成所谓的"6+3"竞争格局。"6"指的是通用、福特、戴姆勒-克莱斯勒（以下简称戴-克）、丰田、大众、雷诺-日产，6家合计年产销量占世界总量的比例超过80%（2000年实际为83%）。"3"指的是相对独立自主的本田、标致-雪铁龙（PSA）和宝马（BMW）。随着现代汽车在2000年以后的强势崛起，"6+3"的格局逐渐被"6+4"的格局取代。由此可见，全球汽车工业总的竞争态势是大企业、大集团垄断市场，引领发展潮流。

近几年来，世界汽车工业的发展呈现不均衡状态。全球汽车行业正面临着前所未有的剧烈震荡，发达国家的汽车产销量都不同程度地有所下滑，而发展中国家汽车工业发展迅速，世界汽车工业格局正在悄然改写。

3. 世界汽车工业的趋势

未来汽车是全自动驾驶的、共享的、电动的。中国中车集团建立了多条IGBT（绝缘栅双极性晶体管）生产线，并已初步建立起完整的碳化硅产业链（见图1-67），实现了中国电动汽车制造的飞跃。比亚迪汽车公司也在不断探索研发减轻电池重量、提升蓄电能力的锂离子蓄电池（见图1-68）。

图1-67　IGBT模块生产线

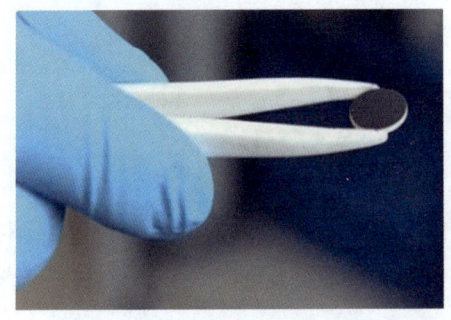

图1-68　固态锂离子蓄电池

汽车节能环保，电控四驱混合动力正在被用于更多的汽车生产线，帮助驾驶者用最少的燃油行驶更远的距离。汽车生产工艺发生变革，智能工厂将取代传统的汽车生产流水线，落基山研究所卢安武教授认为汽车可以引入3D（三维立体）打印技术组装并逐层打印出来，从而将材料消耗降至最低水平。无人机和自动运输车负责材料运输让零部件组装实现碎片化和个性化。汽车材料轻量化，钢材是汽车构成的主要材料，在不升级生产线的前提下，温成型技术可以大幅度降低能耗比。第三代汽车钢的出现，使汽车材料朝节能环保和绿色生态又进了一步。

能源革新，燃油将不再是驱动汽车唯一能量来源，20世纪90年代，混合动力（见图1-69）被认为是传统内燃机到纯电机的过渡技术。目前，越来越多的电动汽车将被推向市场，且对于汽车的能源革命仍在继续。汽车制造越来越清洁和智能化。

图1-69　混合动力赛车

维尔特工厂（见图1-70）生产的一种全新的燃料E-Gas可以代替传统的石化燃料，这是一种可再生的能源，可以大大降低汽车排放的标准。

风能、太阳能也将被运用到未来汽车领域中。近年来，中国建立了多个风力发电厂（见图1-71），一场新能源的革命正在这里悄然而生。而核聚变被称为人造太阳，通过核聚变获得能量是未来科学家探索的方向。

图1-70　维尔特工厂

图1-71　风力发电

课后练习

一、填空题

1. ＿＿＿＿＿＿＿＿公司创建了世界上第一条汽车装配生产流水线。
2. 我国汽车工业初期五个汽车生产基地分别是＿＿＿＿＿＿、＿＿＿＿＿＿、＿＿＿＿＿＿、＿＿＿＿＿＿和＿＿＿＿＿＿。
3. ＿＿＿＿＿＿＿＿是现代汽车的发源地，是生产汽车历史最悠久的国家。

4. 1998年通用汽车公司与上海汽车集团公司合资，在上海成立了_____公司。

二、选择题

1. 桑塔纳汽车是在哪个厂试验成功的？（   ）
   A. 第一汽车厂　　　　B. 上海汽车厂　　　　C. 第二汽车厂
2. 福特汽车公司是美国第二大汽车公司，福特轿车标志选用了字母（   ）。
   A. FORD　　　　　　B. TOYOTA　　　　　C. FIAT
3. 新中国一汽生产出了第一辆国产轿车是（   ）。
   A. 东风CA71型汽车　　　　　　　　B. 凤凰牌汽车
   C. 红旗汽车
4. 中国一汽标志取"一汽"为核心元素，经组合、演变，构成（   ）视觉景象。
   A. 飞鹰　　　　　　B. 鹰　　　　　　C. 雄鹰　　　　　　D. 大雁

三、判断题

（   ）1. 大众汽车公司于1938年在德国的沃尔斯堡创建，创始人是世界著名的汽车设计大师波尔舍。

（   ）2. 英国的汽车生产厂商主要有劳斯莱斯、宾利、阿斯顿·马丁、莲花、名爵、罗孚、雪佛兰等。

（   ）3. 我国汽车产业目前已形成"3＋6"模式，而世界汽车产业已形成"6＋3"模式。

四、简答题

简述我国主要的汽车生产厂商。

任务三　汽车的外形和色彩

 学习目标

1. 了解汽车外形的演变过程。
2. 掌握汽车色彩。

 建议学时

4学时。

 相关知识

一、汽车的外形演变

纵观百余年来的发展历程，从机械工程学的角度来看，汽车外形大体上可划分为马车形、箱形、甲壳虫、船形、鱼形、楔形、子弹头形这七种。

1. 马车形

1886年诞生的世界上第一辆汽车的外形类似于一辆马车。在那以后的近30年时间里，汽车车身基本上沿用了马车的造型,当时的人们将汽车称作"无马的马车"。不过,汽车作为一种交通工具,人们总希望它能跑得更快,汽车工程师们想出种种办法来提高车速。但车速提高以后,所带来的直接问题就是迎面吹来的风使驾乘人员难以忍受(例如,当汽车以50km/h的速度前进时,坐在车上的人所承受到的风速是14m/s,相当于7级大风),甚至无法睁开眼睛,这直接影响到行车的安全。

1903年出产的FORD-A型车将车头部分做成倾斜的面,虽然这块倾斜的风窗玻璃面积很小,但却可以使迎面吹来的风流向上方,大大减少了直接吹在乘员身上的风力。1905年生产的FORD-C型车开始采用风窗玻璃,以便减轻寒风吹袭。

1908年,福特汽车公司生产了著名的FORD-T型车(见图1-72),FORD-T型车开创了人类的汽车时代,其自身也成为马车形汽车的典型代表。

图1-72 福特FORD-T型车

2. 箱形汽车

由于带有敞篷或活动布篷的马车形汽车很难抵挡风雨的侵袭,福特汽车公司于1915年又生产出了一种新型的T型车。这种车的车室很像一只倒扣着的大箱子,并且装有车门和车窗,所以人们将这辆汽车以及后来生产的类似汽车称作为"箱"形汽车(见图1-73)。

但是,箱形汽车也存在一个问题,那就是它的速度达不到人们希望的那么快。工程师们想尽办法地提高车速,如:改进轮胎结构以便减小车轮与地面之间的滚动阻力;加大发动机功率,使汽车更加有劲;降低车身高度,以减小迎风面积……虽然这些措施都取得了一定的成效,但仍然不能令人满意。原因何在呢?研究证实,由于早期的箱形汽车有较大的迎风面积和形状阻力,所以箱形结构不太适合于时速超过100km的汽车。

当然,箱形汽车也有它的优点,这种汽车的内部空间比较大,具有很高的实用价值。常作为家庭用车以及在市区之内进行短距离的客货运输(如大发厢式车,见图1-74)。

图1-73 福特箱形汽车

图1-74 大发厢式车

3. 甲壳虫汽车

1934年,克莱斯勒汽车公司生产的气流牌小轿车(见图1-75)首先采用了流线型结构,这种具有划时代意义的卓越造型,为汽车工业的发展做出了不可磨灭的贡献。

1937年,德国大众汽车公司的波尔舍博士设计的一种轿车较好地解决了汽车前进时空气阻力的问题。人们根据这种汽车的形体,将其称为甲壳虫汽车(见图1-76)。

图1-75 克莱斯勒气流牌小轿车

图1-76 甲壳虫汽车

但是,甲壳虫汽车也有其致命的缺点,这就是当车速超过100km/h时,如果遇上较强的侧向风作用,驾驶人就会感到驾驶得特别费力。除此以外,甲壳虫汽车内部空间较小。

4. 船形汽车

福特汽车公司于1949年生产出了具有历史意义的新车型FORD-V8。它将前翼子板和发动机舱盖制成了一体,后翼子板和行李舱盖制成了一体,前照灯和散热器罩也制成了一体,车身两侧形成一个平滑的面,车室位于车的中间。从外形看,整个汽车就像一只小船,所以人们将其称作船形汽车(见图1-77)。

图1-77 福特船形汽车

这种汽车设计充分利用了人体工程学理论,使驾驶人感到非常容易操纵,乘员也感到特别舒服,极大地提高了行车安全性,扩大了车身内部的空间,汽车两个侧面从前到后都制成了平滑的面,减小了形状阻力,提高了车速。由于后边的行李舱加大了,侧面风吹过来时就不再是单纯地作用在车的前部,从而增加了抗侧向风吹袭的能力。因此,即使高速行驶时遇到较强的侧向风,也不会发生摇头摆尾的现象,很受消费者的欢迎。

这种汽车造型被普遍应用于大型车、中型车和小型车上,从它问世的20世纪50年代开始一直都在生产,成为世界上数量最多的一种汽车造型。我国自行研制的红旗牌高级轿车就采用了船形造型(见图1-78)。

船形汽车的问题是由于后尾过分地向后伸出,形成了阶梯状,高速行驶时会产生比较强的涡流,影响了车速的大幅度提高。

5. 鱼形汽车

为了克服船形汽车因采用阶梯式后尾而造成的涡流现象,人们又将船形汽车的后风窗玻璃制作成了倾斜式。由于倾斜式的后风窗玻璃类似于鱼的脊背,所以这类汽车被称为鱼形汽车(见图1-79)。最早的鱼形汽车是美国1952年生产的别克牌小轿车。1964年,美国的克莱斯勒顺风牌和1965年的福特野马牌也都采用了鱼形造型。自顺风牌上市以后,世界各国逐渐开始生产鱼形汽车。

汽车文化

图1-78 红旗轿车

图1-79 鱼形汽车

如果单从汽车的背部来看，鱼形汽车和甲壳虫汽车非常相似，但若仔细比较，就可看出两者之间所存在的具体差别：首先，鱼形汽车比甲壳虫汽车的空气阻力小得多；其次，鱼形汽车比甲壳虫汽车的车室要宽敞得多；另外，鱼形汽车的后行李舱容积也比甲壳虫汽车大得多，为车主随车带货提供了更大的方便。由此可见，鱼形汽车在许多方面都优于甲壳虫汽车。

由于鱼形汽车后风窗玻璃过于倾斜，如果其尺寸与船形汽车一样大小的话，那么驾驶人倒车时将无法看清后面的路况。为了倒车安全，只好加大玻璃尺寸。但玻璃尺寸加大以后，一是容易破碎；二是太阳光大面积射入车内，导致夏天车内闷热不堪。另外，鱼形汽车还存在着遇横风不稳的问题。

6. 楔形汽车

为了从根本上解决汽车因采用鱼形结构而带来的升力问题，工程师进行了反复试验，最后终于创造出了楔形造型，也就是让车身前部呈尖形且向前下方倾斜，车身后部像刀切一样平直，这种造型可以有效地克服升力问题。

最早按楔形设计的小轿车是1963年出产的斯蒂贝克·阿本提（见图1-80），尽管它的造型获得了汽车设计专家的极高评价，但在销售中一败涂地，公司不得不宣布破产。原因是它生不逢时，在船形车盛行的年代，人们无法接受与之形成尖锐对比的楔形车。

研究楔形的结构发现这种造型最大限度地解决了升力问题。今天的新型轿车大多采用了这种楔形结构，一般将散热器罩做成竖

图1-80 斯蒂贝克·阿本提

窄横宽，发动机舱盖呈前倾式，行李舱高度加高。个别车型的尾部甚至采用了"鸭尾式"造型（见图1-81），以使沿车顶流动的空气在鸭尾部产生向下的作用力，增加后轮的附着力。

> **小知识**
>
> 轿车尾翼的作用就是使空气对汽车产生第四种作用力，即对地面的附着力。它能抵消一部分升力，控制汽车上浮，减小风阻影响，使汽车能紧贴着道路行驶，从而提高行驶的稳定性。

目前，大多数汽车尾翼都是用玻璃纤维或碳素纤维制成的，既轻巧又坚韧，并且它的形

 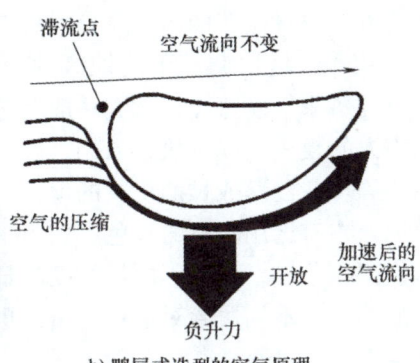

a) 鸭尾式造型　　　　　　　b) 鸭尾式造型的空气原理

图 1-81　轿车尾翼及其作用原理

状尺寸是经过设计师精确计算而确定的。除减少高速行驶中的阻力，尾翼对节省燃油也有一定的帮助。以排气量为 1.6L 的轿车为例，如果装上尾翼，空气阻力系数大概可以降低 20%。如果在高速公路上行驶，能节省 10% 左右的燃油消耗。

7. 子弹头形汽车

汽车外形发展到楔形以后，升力问题基本得到了圆满解决。但人类追求至善至美的心态是永不满足的，人们又在改变轿车的基本概念上做起了文章，于是，一种新型的多用途轿车（Multi-Purpose Vehicle，即 MPV；或 All Purpose Vehicle，即 APV）问世了。

进入 20 世纪 80 年代以后，克莱斯勒汽车公司道奇分部和顺风分部先后推出了"捷龙"（Caravan）和"航海家"（Voyager）两种新型汽车。其外形以轿车为原型，但却一改轿车传统的两厢或三厢式结构概念，在小型客车（面包车）车型概念的基础上进一步延伸发展，使之成为既有轿车的造型风格、操纵性能和乘坐感觉等特性，又具小客车多乘员和大空间的优点，成为集商务、家用和旅游休闲等功能为一体的多用途车。由于这种车的造型酷似子弹头，因此在我国，人们将其俗称为"子弹头形"汽车（见图 1-82）；而在国外，消费者将其称为"蛋形"车（Radical Egg Shaped Styling）。

图 1-82　子弹头形汽车

纵观汽车外形的发展，可以看出，它一直在围绕着"高速、安全、舒适"这一主题发展。汽车外形的发展史，就是一部人类追求汽车性能不断提高的奋斗史。

二、汽车的颜色

汽车颜色包括车身外表的油漆颜色和内饰各种材料的颜色。当车身内部的乘坐环境及汽车外表与环境色彩达到协调状态，能给乘客及行人以美的感受。

1. 车身颜色的选择原则

一般说来，选择汽车的车身颜色时应考虑以下五个方面的协调问题：

(1) **与用车环境协调** 不同地区的阳光照射强弱有别，导致人们对不同色彩的偏爱。例如，北方的冬季气候寒冷，人们一般多选暖色基调，而且色彩也应相对重些，如红色、黄色等；而南方的夏季气候炎热，人们一般多选冷色基调来降低感觉气温，而且色彩也相对浅些，如白色等。在沙漠或长期积雪的地区，宜选绿色，以便给人以清新、愉快的感觉。在广阔的大草原上，宜选用醒目的红色、白色、黄色等。

选购汽车颜色时，考虑不同经纬度的日照量、光强和湿度是很有必要的。另外，由于习俗、信仰的差异，不同民族对色彩的偏爱也有所差别。

(2) **与车型相协调** 微、轻型轿车应选用亮度较高、比较活泼的色彩，能使车体显得大一些。大型轿车最好选择低明度和低纯度颜色，会使车体看起来较为紧凑和坚实。中、高档轿车宜选用亮度相对较低、色彩较沉稳的色调，以显示其豪华气派的特点。旅行车多采用国际流行色，以给人华贵、舒适、洒脱、大方的美感。有时，在车体丰满的豪华车身上喷涂一两种颜色的饰条，也可使车身变得"俏丽苗条"。

(3) **与车主的气质、个性和心理需求相协调** 车身颜色是车主个性的显示，它不仅是汽车包装和品牌识别的标志，还反映着车主的情感和身份。黑色可以说是一种矛盾的颜色，既代表保守和自尊，又代表新潮和富有；红色代表火热的生命力，给人勃勃向上的心跳感觉，能激发欢乐情绪；白色清新靓丽、卓尔不群，给人安然洁净之感；绿色具有田园诗画般的风情，给人健康、生机勃勃的感觉；黄色崇尚大自然本色，具有轻盈、高注目性的特点，给人柔和、希望之感；蓝色显示着汽车的博大、尊贵和风度，是名贵汽车的常用颜色；鲜紫色和桃红色具有活泼的动感，最能体现车主活跃的个性，风光无限而又不落俗套。

(4) **与交通安全的协调** 科学研究表明，撞车等交通事故的发生与汽车颜色的显眼度有着密切联系，深色以及容易与道路环境相混淆的黑、绿、蓝等颜色的汽车，发生交通事故的概率远高于明亮的嫩黄色、米色、乳白色和白色汽车。心理学家认为，视认性好的颜色能见度佳，所以车身颜色与交通安全密切相关。

小知识

首先，颜色是有进退性的，即所谓的前进色和后退色。如果有红色、黄色、蓝色、黑色共4部轿车与你保持相同距离，你就会觉得红色车和黄色车要离自己近一些，即为前进色；而蓝色和黑色的车看上去较远，即为后退色。前进色的视觉效果要比后退色好，感觉好像离自己更近，车主就会早一点察觉到危险，从而采取避让措施。

其次，颜色分立体色和收缩色。例如，将相同车身涂上不同颜色，会产生体积大小不同的感觉。黄色看起来感觉大一些，是立体色；而同样体积的黑色、蓝色感觉小一些，是收缩色。收缩色看起来比实际要小，尤其是在黄昏、黎明、雨天，常因不为对方车辆和行人注意而诱发事故；而黄色等为立体色，看起来比实际要大，不论远近都很容易被注意。

再次，颜色有明暗性。颜色在人们视觉中的亮度是不同的，可分为明色和暗色。红、黄为明色，而黑、绿为暗色。明色车的视觉效果较好，暗色车看起来觉得小一些、远一些、模糊一些。

（5）与保养维修的协调 汽车在露天环境中通行、停放，自然免不了脏污，甚至损伤，因此，选择车身颜色时应考虑到日后保养维修的方便性。虽然白色车身的辨认安全度最高，但容易脏污，为保持其整洁，必须经常擦拭，因而平时保养起来更麻烦些。黑色或深蓝色的车身则因漆面较柔软，使用中容易受损伤，从而增加维修工作量及开支。

在轿车外形日趋类同化的今天，颜色已成为区别轿车造型最关键的要素之一。

2. 内饰颜色的选择

汽车内饰的颜色也是汽车结构中非常重要的一个元素。由于内饰颜色对驾驶人、乘员的情绪具有一定影响，因此会在很大程度上影响行车安全以及乘坐人员的心理感受。

内饰的色彩明度与纯度也会引起对色彩物理印象的错觉。一般来说，颜色的重量感主要取决于色彩的明度，暗色（见图1-83）给人以重的感觉，明色（见图1-84）给人以轻的感觉。淡的亮色使人觉得柔软，暗的纯色则具有较为强硬的感觉。内饰采用明快的配色，能给驾乘人员以宽敞、舒适的感觉，可以减轻旅途的疲劳感觉，减少交通事故的发生。

图 1-83 暗色汽车内饰

图 1-84 明色汽车内饰

车内内壁色彩应比顶棚色彩适当重些，以减轻驾乘者的压抑感。

车内色彩不宜五花八门，最好选用比较柔和的乳白色、米黄色或浅蓝色等颜色。

内饰颜色最好根据季节变化进行适度调整，夏天最好采用冷色，冬天最好采用暖色，这样可以调节驾乘人员的冷暖感觉。由于车内其他部位的内饰颜色不易改变，因此，大多是通过更换座套、坐垫、地板来改变部分内饰的颜色。

 课后练习

一、填空题

1. 汽车外形大体上可划分为_____、_____、_____、_____、_____、_____、_____七种类型。

2. _____形汽车出现后，汽车的基本造型就算确定了。

3. 1937 年，德国大众汽车公司的波尔舍博士设计的一种轿车较好地解决了汽车前进时空气阻力的问题。人们根据这种汽车的形体，将其称之为"_____形汽车"。

4. 汽车的颜色中，从视觉角度上看最不安全的颜色是_____，最安全的颜色是_____。

5. 我国自行研制的红旗牌高级轿车就采用了_____形。

二、判断题

(   ) 1. 汽车外形的演变是机械工程学、人体工程学和空气动力学三者协调的结果。

(   ) 2. 汽车颜色包括车身外表的油漆颜色和内饰各种材料的颜色。

三、简答题

简述汽车颜色对汽车的影响。

项目二

汽车品牌文化

任务一　欧洲车系

 学习目标

1. 熟知属于欧洲车系的汽车公司有哪些。
2. 了解欧洲车系各汽车公司的发展简史及其主要汽车产品的构成。
3. 熟悉欧洲车系各不同品牌汽车之间的关联性。
4. 掌握欧洲车系各种汽车车标图案的含义。

 建议学时

4 学时。

 相关知识

一、奥迪汽车公司

1. 公司概述

（1）公司标志　奥迪汽车公司以 4 个连接在一起的圆环作为标志（见图 2-1），意为 4 个公司（奥迪公司、DKW 公司、霍希公司和漫游者公司）的联合。4 个相同的圆环紧密相扣，象征着公司成员向往平等、互利、协作的亲密关系和奋发向上的敬业精神。

图 2-1　奥迪汽车公司标志

扫一扫

奥迪汽车公司介绍

每辆奥迪汽车的散热器前面和车尾都镶有奥迪公司4个圆圈相互连接的图形标志，1985年又开始在车尾使用文字标志"Audi"。

（2）公司简介　奥迪是国际著名的高品质汽车开发商和制造商，现为大众汽车公司的子公司，总部设在德国的英格尔施塔特。

1899年August Horch创立A. Horch汽车公司，1932年，奥迪公司（1909年创建）、DKW公司（蒸汽动力车辆厂）（1916年创建）、漫游者公司（1911年创建）和霍希公司（1902年创建）合并为汽车联盟股份公司（Auto Union，以下简称汽车联盟）。从汽车产量来说，汽车联盟是当时德国第二大汽车制造公司，标志为四个连接的圆环，代表合并的四家汽车公司。

（3）奥迪在中国　奥迪是和中国合作较早的汽车品牌之一。1988年5月17日，一汽与奥迪签署"关于在一汽生产奥迪的技术转让许可证合同"，开始组装生产奥迪100，当年共组装了499辆汽车。1990年11月，一汽和大众15万辆合资项目在北京人民大会堂正式签约。1995年，一汽、大众及奥迪三方共同签署了合资合同，奥迪系列产品作为合同产品正式纳入一汽-大众公司生产。

> **小知识**
>
> 奥迪汽车发布2018年汽车销量快报显示，奥迪在国内以660 888台的销量，领衔我国豪华汽车品牌。并且在2018年7~12月连续6个月成为豪华汽车品牌销量冠军。如此骄人的成绩，助力中国市场成为奥迪在全球最大的单一市场。

2. 创始人奥古斯特·霍希

奥迪品牌的创始人为奥古斯特·霍希（见图2-2），他是德国汽车工程的先驱。

在从萨克森州的米特韦达技术学院（现称米特韦达应用科技大学）毕业后，霍希一开始是在曼海姆的卡尔·奔驰公司的发动机制造部门工作，后来成为汽车设计部门的负责人。1899年，霍希决定成立自己的公司，并于当年的11月14日在科隆成立了霍希汽车合资公司。

1902年，霍希将公司迁至萨克森州的赖兴巴赫，随后在1904年又迁至茨维考，公司也转变为一家股份制公司。霍希于1909年离开了自己一手创立的霍希公司，随即在茨维考成立了另一家汽车公司。由于他的姓氏"霍希"已被原来的公司使用，且已被注册为商标，因此霍希选择了自己姓氏的拉丁译文"Audi"来为新公司命名。因此，新公司的名称就定为Audi（奥迪）。1914年12月，奥迪汽车公司转变为一家股份公司。

图2-2　奥古斯特·霍希

奥迪品牌从一开始就为自己缔造了伟大的运动成就。1911—1914年，在奥地利阿尔卑斯国际汽车拉力赛中，奥迪汽车连连夺冠，赢得众多赞誉。奥古斯特·霍希仅用了几年时间就将奥迪打造成了一个国际知名品牌。

小资料

目前，奥迪汽车公司生产的产品主要有 A1 系列、A2 系列、A3 系列、A4 系列、A5 系列、A6 系列、A7 系列、A8 系列、Q5 系列、Q7 系列、R 系列、S 系列运动车（S3、S4、S4 Avant、S4 Cabriolet、S5、S6、S6 Avant、S8）、TT 跑车、R 系列（GT 跑车）（R8、R10、R18）等。2002 年，奥迪公司的汽车销量达到 74.2 万辆，年收入约 226 亿欧元，全球雇员达到 51 000 多人。2018 年，奥迪在中国年销量超过 66 万辆。

二、宝马汽车公司

1. 公司概述

扫一扫

宝马汽车公司介绍

（1）公司标志 宝马采用了内、外双圆圈的原型，并在双圆环的上方标有 BMW 字样的标志，如图 2-3 所示。由于宝马汽车公司是以生产航空发动机起家的，因此在内圆的圆形间隔图案中，采用蓝天、白云和运转不停的螺旋桨设计，暗示宝马汽车公司渊源悠久的历史，象征该公司过去在航空发动机技术方面的领先地位，又展现了公司的一贯宗旨和日新月异的新面貌。

（2）公司简介 宝马汽车公司的全称是巴伐利亚机械制造厂股份公司。它是由一家制造飞机发动机的公司于 1916 年 3 月注册的。这家公司最初以制造流线型的双翼侦察机闻名于世，公司的名字叫巴伐利亚飞机制造厂（Bayerische FlugZeug-Werke，BFW）。该公司创始人吉斯坦·奥托（四冲程内燃机发明人尼古拉斯·奥拓的儿子）

图 2-3 宝马汽车公司标志

在航空方面有很大成就，这使他拥有很大的野心制造汽车，他这一决定为汽车历史写下了光荣的一页，那就是受到今天万千车迷爱戴的德国 BMW 汽车厂了。宝马汽车公司的前身虽是一家飞机公司，但后来改为巴依尔发动机公司（Bayerische Motoren Werke）；1917 年 7 月 20 日，吉斯坦·奥托退休后，BFW 公司便开始重组；1918 年 8 月，正式更名为 BMW（Bayerische Motoren Werke），即宝马汽车公司。

（3）宝马在中国 宝马汽车公司历来以重视技术革新而闻名，不断为高性能的高档汽车设定新标准。同时，宝马汽车公司十分重视安全和环保问题。宝马汽车公司在"主动安全性能"方面的研究及其 FIRST 系统（整体式道路安全系统）为公司赢得了声誉。

宝马汽车公司致力于推动中国汽车工业在高科技应用方面的发展。1994 年 4 月，宝马汽车公司在北京设立了代表处。现在，它和华晨汽车公司合资合作，生产宝马轿车。与中国公司的合作是宝马集团为其亚洲生产和销售网络的重要部分，这体现了宝马集团一贯坚持的亚洲策略。

2018 年，宝马集团在我国的销量达到 63.995 万辆，同比增长 7.7%，是宝马集团自 1994 年正式进入中国市场以来最好的销售记录。截至 2018 年年底，宝马集团在我国 25 年来累计销量超 400 万辆。

2018 年，宝马集团在新能源汽车领域也实现了跨越性突破，2018 年在我国累计销售 2.34 万辆新能源汽车，在高档新能源汽车市场排名第一。

2. 创始人吉斯坦·奥托

吉斯坦·奥托（见图2-4）是宝马创始人之一，是汽车发动机历史上的一位巨人，他的一生充满传奇。

1883年，吉斯坦·奥托出生于德国巴伐利亚州。他从小迷恋飞行器，初中时就组织了航空俱乐部，与同学们一起制造航模。

1903年12月17日，莱特兄弟进行了人类历史上首次有动力、可操纵持续飞行试验。成功地飞行了260m。1909年8月，法国兰斯主办了一次盛大的飞行集会，来自欧洲各国的飞行员们相继创造了多种飞行纪录。这令所有欧洲国家都意识到，为了保卫国土安全，必须发展航空事业，众多年轻人纷纷开始学习飞机驾驶。奥托自然不甘人后，他向飞机制造厂支付了2000马克的学费，接受了飞行训练，并最终拿到了飞行执照。随后，他不断获得飞行比赛的大奖。

图2-4 吉斯坦·奥托

当然，奥托的聪明才智不仅体现在飞行方面，他还凭着自己的飞行经验，在父亲发明的内燃机的基础上，研制出了一种新型航空发动机，功效较传统的发动机进步不少。为了让更多人接受这种飞机发动机，他决定创立自己的飞机发动机公司。1913年，30岁的吉斯坦·奥托在巴伐利亚州首府慕尼黑北部的奥林匹克区开设了飞机发动机制造厂，除了航空发动机以外，还生产流线型的双翼侦察机。

奥托在航空的高度成就，使他怀着很大的野心开始制造汽车，他的这一决定在汽车制造史上写下了光辉的一页。

1917年7月20日，吉斯坦·奥托退休后，BFW公司便开始重组，正式命名为BMW，英语全称是人们熟识的Bavarian Motor Works。

> **小资料**
>
> 目前，宝马汽车公司拥有MINI、劳斯莱斯等品牌，主要生产1系、2系、3系、4系、5系、6系、7系、X1、X3、X5、X6以及M1、M3、M5、M6、X5M、X6M等车型。

三、大众汽车公司

1. 公司概述

（1）**公司标志** 大众汽车公司的德文Volkswagen意为大众使用的汽车，图形标志是将德文单词的字母"V"和"W"的叠合后，再镶嵌在一个大圆圈内，然后将整个标志镶嵌在发动机散热器隔栅的中间。整个标志就如同3个"V"字，如图2-5所示。该图标表示大众汽车公司，并期待其产品"必胜，必胜，必胜"。文字车标则标在车尾的行李舱盖上，以注明该车的名称。大众车标简洁、鲜明，令人过目不忘。

（2）**公司简介** 1937年3月28日，费迪南德·保时捷创建了大众开发公司，1938年9

扫一扫

大众汽车公司介绍

40

月改为大众汽车股份有限公司。大众汽车公司是德国最大、最年轻的汽车公司，也是一家国际性集团公司，总部位于德国沃尔夫斯堡。大众集团是全球领先的汽车制造商之一，同时也是欧洲最大的汽车生产商。大众汽车公司主要经营汽车产品，是一个在全世界许多国家都有子公司的跨国汽车集团。

大众汽车公司在全世界有13家生产性子公司，在海外有7个销售公司，还有23家各类公司，整个汽车集团产销能力在1100万辆左右。

图2-5　大众汽车公司标志

(3) **大众在中国**　从1978年起，大众汽车就已经开始与中国的有关部门进行关于合作意向的谈判，1982年与上海拖拉机汽车工业公司签订的组装合同，正式揭开了中德合作的序幕。1984年10月，大众汽车集团与上海汽车集团在北京人民大会堂签订合营合同，双方的合资企业——上海大众汽车有限公司正式成立，1985年桑塔纳轿车开始投产，从此掀开了中国汽车产业发展的新篇章。1991年，大众汽车集团进一步扩大在我国合作项目，一汽-大众汽车有限公司正式宣告成立，这也是大众汽车在中国设立的第二家整车合资企业。尼尔森公司于2004年9月公布的一项调查显示：大众汽车在中国消费者中的品牌认知度达到55%，在所有国际汽车品牌中高居榜首。

从市场业绩上来看，大众汽车也是中国汽车市场上当之无愧的领跑者。数据显示，2018年，一汽-大众共销售新车2 036 966辆，排名合资乘用车销量榜第二位。

2. 创始人费迪南德·波尔舍

著名汽车设计大师费迪南德·波尔舍（见图2-6），正是现今汽车模样的奠定者。他的信条是："设计应该是实用的，这种实用是不需要向消费者灌输思想，让人一看便知的。"

1906年，波尔舍被聘任为戴姆勒公司奥地利分公司（由一批奥地利商人购入戴姆勒的专利权建立的汽车厂）技术部经理。这一年，由于成功设计了"玛哈"牌汽车，波尔舍获得了自己有生以来的第一枚勋章（颁发给杰出奥地利汽车工程师的Poetting奖项）。

波尔舍在奥地利戴姆勒公司最大的成就，是设计了著名的"亨利王子型"（Prince Henry）赛车。这款车的外表呈流线型，发动机功率为85hp（63kW）。除了汽车外，奥地利戴姆勒公司还生产货车、飞机发动机、自走火炮等武器。1916年，波尔舍成为该公司的董事经理。

图2-6　费迪南德·波尔舍

1950年9月，波尔舍在斯图加特度过了自己75岁的生日，人们送给他一辆黑色保时捷356作为礼物。高龄的波尔舍并没有停下脚步安心养老，习惯了看车展的他在这年10月前往巴黎，看到了保时捷作为汽车品牌在展位上亮相。

同年11月，波尔舍回到了沃尔夫斯堡。当时沃尔夫斯堡的工厂也开始恢复生产，并正式改名为大众车厂。大众每生产一辆甲壳虫，都会向波尔舍给予版权费。由于该车占领了平民车这个最大的市场，故取得了极其辉煌的成就，累计产销2100多万辆。

3. 大众汽车公司品牌

大众品牌群包括大众商用和乘用车、斯柯达（Skoda）、兰博基尼（Lamborghini）、宾利（Bentley）、布加迪（Bugatti）、保时捷（Porsche）、斯堪尼亚（Scania）、Man 等多个品牌，下面详述其中的 5 个品牌。

（1）**大众商用和乘用品牌**　大众品牌在中国销量较高，有着良好的口碑和品牌形象。

1）朗逸是上海大众第一款自主设计研发的量产车，是大众全球战略中专门为满足中国消费者需求而打造的。全新一代朗逸既保持了大众品牌的优秀设计理念，又融入了更多体现当代中国本土化特色的设计元素。充满前瞻性的设计风格为全新朗逸注入了更多豪华气质，全面而周到的配置进一步突出了车辆的实用本质，从而更加贴近中国消费者的购车需求。

2）高尔夫（见图 2-7）是大众公司设计推出的一款两厢车，也是甲壳虫汽车的替代产品。全球销量超过 2 500 000 辆，堪称经典。而高尔夫 GTI 最开始是大众的工程师私下打造的，但是到后来，GTI 已经完全成为高尔夫系列的顶梁柱了。2003 年，中国引入高尔夫系列生产线；2006 年年底，高尔夫 GTI 正式进入中国。

3）宝来（Bora）即第四代捷达，是德国大众旗下的全尺寸轿车。在欧洲市场，宝来是针对宝马 3 系、奥迪 A4、欧宝威达设计的一款具有竞争力的车型。宝来是从高尔夫系列中衍生出来的，是大众 A 级车中的最新产品，在德国工厂中与高尔夫和甲壳虫共用一个平台。而国内常说的新宝来（见图 2-8），是大众集团为了适应中国市场，特别为中国消费者生产的一款家用车。

图 2-7　高尔夫

图 2-8　全新宝来

4）大众速腾（见图 2-9）即第五代捷达，自 2006 年上市以来，便以圆润的线条、动感的比例展现出了德国大众的设计精髓，更是凭借精湛的工艺、严谨的制造精神和领先的科技，在中国赢得了超过 53 万名忠实用户的喜爱，持续引领中国 A + 级轿车市场的发展。

5）大众捷达（Jetta）是德国大众汽车集团在中国的合资企业———一汽-大众汽车有限公司生产的汽车品牌。捷达（Jetta- MK1）于 1979 年在欧洲上市。新捷达（见图 2-10）于 2010 年 3 月 19 日在成都上市。

6）大众 CC（见图 2-11）是一款标准的轿跑车，将轿车的稳定性与跑车的灵敏度完美地结合在了一起。它采用 4 门设计，舒适动感；内饰具有明显运动风格，延续了大众汽车高档商务轿车系列车型的风格，色彩鲜明的高级真皮跑车座椅以及真皮智能运动型转向盘彰显了大众 CC 速度与动感的特征。此外，大众 CC 还配备了许多高科技配置，为驾乘者提供尽可能方便舒适的驾乘体验。

图 2-9　大众速腾

图 2-10　新捷达

7）大众帕萨特（见图 2-12）是一种由水冷发动机带动的前轮驱动轿车。帕萨特（Passat）本意是一股南美洲季风的名字，每年均匀而稳定地从大西洋南部吹向赤道方向，坚持而执着，恒久不变。和它的名字一样，几乎所有帕萨特的水滴状外形都让人感觉到无与伦比的流畅。自从 1973 年首次面市以来，在欧洲取得了巨大成功。1999 年生产的帕萨特 B5 更是风靡世界。帕萨特经历 6 代的发展，全球销量已高达 1130 万辆。

图 2-11　大众 CC

图 2-12　帕萨特

8）桑塔纳（Santana）牌轿车是德国大众汽车公司在美国加利福尼亚州生产的品牌车，从 1985 年开始，经过 20 多年的生产历史，普通桑塔纳轿车的身影遍及全国。2012 年 10 月，上海大众宣布旧版桑塔纳停止生产，并发表"再见，桑塔纳"广告，向世人宣布旧版桑塔纳将成为过去。新版桑塔纳将以全新的姿态从德国狼堡开往北京，开始新的征程。2012 年 12 月 16 日晚，上海大众全新桑塔纳（见图 2-13）在北京国家体育馆举行上市发布会。

9）迈腾（Magotan）（见图 2-14）源自和德国大众汽车公司帕萨特 B6 关系紧密的 FutureB6，是帕萨特品牌汽车的第六代车型。由一汽-大众汽车有限公司生产和销售。

图 2-13　全新桑塔纳

图 2-14　全新迈腾

10）尚酷（Scirocco）（车标见图2-15）拥有前卫动感的设计，被誉为"大众汽车有史以来最具动感"的双门轿跑车。它既拥有出色的驾驶性能，又兼具实用功能，是一辆全天候高性能轿跑车。散热器格栅和保险杠展示出不受流行式样影响的独立风格，前脸的上部区域被水平线条风格布局主宰，设计简洁的两个前照灯之间布置着狭长的黑色高光泽进气格栅，下部区域与车身同色，布局清晰。

（2）宾利品牌（Bentley） 宾利汽车公司曾是一家举世闻名的超豪华汽车制造商，总部位于英国克鲁。1919年，W. O. Bentley创办了宾利汽车公司（车标见图2-16）。"To build a fast car, a good car, the best in its class."（要造一台快的车，好的车，同级别中最出类拔萃的车）。这曾是创始人华特·欧文·宾利先生最初追求极致卓越的造车理念。近一个世纪之后，宾利先生的理念仍继续指引着宾利汽车的信念、行动和宏大目标。宾利汽车属于顶级豪华汽车之列，是手工打造的全世界性能最佳的豪华旅行轿车之一。宾利在1997年被大众汽车集团收购。

图2-15 尚酷

图2-16 宾利车标

（3）斯柯达品牌（Skoda） 德国大众汽车公司经典品牌之一，总部位于捷克姆拉达-博莱斯拉夫，是世界上历史最悠久的四家汽车生产商之一，创立于1895年。

斯柯达（见图2-17）主要有明锐、晶锐、速派、昕锐、Roomster、Yeti以及商用车Praktika，另外还有MissionLVision C、Vision D、Vision S、CitiJet等概念车型。

2006年，斯柯达明锐在上海大众投产，成为继大众和奥迪汽车之后，大众汽车集团旗下第三个在我国投产的汽车品牌，并于同年的北京国际车展发布。2008年年末，上海大众再次将晶锐引进中国市场；2009年斯柯达昊锐也被引入中国地区，并于同年8月上市；斯柯达昕锐也于2013年4月18日在国内正式上市。

图2-17 斯柯达车标

（4）兰博基尼品牌（Lamborghini） 是一家意大利汽车生产商，全球顶级跑车制造商及欧洲奢侈品牌之一，公司坐落于意大利圣亚加塔·波隆尼，由费鲁吉欧·兰博基尼在1963年创立。

兰博基尼（车标见图2-18）曾因经营不善，于1980年破产。数次易主后，1998年归入奥迪旗下，现为大众集团旗下品牌之一。兰博基尼的标志是一头充满力量、正向攻击对方的斗牛，与其大功率、高性能跑车的特性相契合，同时彰显了创始人斗牛般不甘示弱的个性。

（5）布加迪品牌（Bugatti） 是德国大众汽车集团子公司旗下的豪华汽车品牌（车标见图2-19）。早期的布加迪品牌将艺术与技术相融合，并在赛场上战绩辉煌。1998年，大众汽车集团收购并复兴了布加迪品牌（车标见图2-19），将其确立为一个独立运营的法国汽车品牌。现在，布加迪的总部依然设立在法国的莫尔塞姆。

图2-18　兰博基尼车标

图2-19　布加迪车标

四、戴姆勒-奔驰公司

1. 公司概述

（1）公司标志　自1909年起至今，戴姆勒公司一直采用三叉星车标，如图2-20所示。这颗三叉星象征着戴姆勒公司向海陆空3个方向发展。卡尔·奔驰公司的车标，最初是月桂枝包围的"BENZ"字样。月桂代表着吉祥、胜利，因此，奔驰车标就像一顶桂冠，预示着该公司将会在汽车领域独占鳌头。

扫一扫

戴姆勒-奔驰公司介绍

1926年6月29日，戴姆勒汽车公司和奔驰汽车公司这两家世界上最老的汽车公司合并，总部设在德国斯图加特市，并使用由三叉星和月桂环组成的新车标。在两个嵌套的圆中含有一颗三叉星，"MERCEDES"字样在上，"BENZ"字样在下，两边有月桂树叶，就像一顶桂冠（见图2-21）。后来，将月桂环改成圆环，并去掉了"MERCEDES"和"BENZ"字样，圆环中的三叉星演变成今天的图案，并一直沿用，如图2-22所示。

（2）公司简介　戴姆勒-奔驰汽车公司是世界十大汽车公司之一，创立于1926年，创始人是卡尔·本茨和戈特利布·戴姆勒。它的前身是奔驰汽车厂和戴姆勒汽车厂。1926年两厂合并后，改名为戴姆勒-奔驰汽车公司。

图2-20　三叉星车标

图2-21　三叉星和月桂环车标

图2-22　奔驰汽车车标

戴姆勒-奔驰汽车车标彰显出其产品是一款超品质、高质量、性能优良、驾驶安全、乘坐舒适、装饰豪华、经久耐用和拥有绝对驾驶乐趣的汽车。特别是梅赛德斯-奔驰S级轿车，在技术和设计上堪称世界汽车工业的典范，已成为世界各国元首、工业大亨、商界巨子的首选车型，也使戴姆勒-奔驰成为一种权势的象征，是豪华和技术先进的同义词。

戴姆勒-奔驰汽车公司主要是由轿车部（总部在斯图加特，生产C、E、S、SL级轿车（见图2-23）、G级多用途汽车、SLK紧凑型跑车）、商用车部（生产载重车、公共汽车、大客车、发动机）、戴姆勒-奔驰部（梅赛德斯-奔驰工业公司、戴姆勒-奔驰公司、戴姆勒-奔驰航空宇航公司、戴姆勒-奔驰特许服务中心和戴姆勒-奔驰工业公司）组成。

图 2-23　奔驰轿车

（3）**戴姆勒-奔驰在中国**　2004年10月，北汽控股与戴克集团对北京吉普进行了重组，重组后北京吉普更名为"北京奔驰-戴姆勒·克莱斯勒汽车有限公司"（BBDC，简称北京奔驰-戴克）。2005年6月10日，北京奔驰-戴克获得了商务部批准，8月8日公司在北京市工商局完成了注册。8月30日，北京奔驰-戴克宣布正式成立。

奔驰E级是北京奔驰-戴克正式成立之后首款投放国产的梅赛德斯-奔驰车型，2005年12月22日，北京奔驰-戴克国产梅赛德斯-奔驰E级轿车正式上市，首批投放市场的两款车型是采用SKD/CKD散件组装方式生产的E280和E200 Kompressor（简称E200K，即装配有增压发动机）。

北京奔驰-戴克2008年推出国产奔驰C级轿车，首次投放市场的国产化车型分别为：C200 K优雅型，C200 K时尚型以及C280时尚型。国产奔驰C级在外观上提供了两种不同的设计风格，这也是国产豪华车中第一次在同一级别车型中采用两种造型，从而满足了更广泛客户群体的需求。2008年6月16日，北京奔驰-戴克正式推出旗下第四款国产C级轿车C230时尚型，进一步满足细分市场的需求。

2010年1月26日，北京奔驰-戴姆勒·克莱斯勒汽车有限公司正式更名为北京奔驰汽车有限公司（BBAC），合资方变为北京汽车股份有限公司、戴姆勒股份公司与戴姆勒大中华区投资有限公司。5月28日，专为"中国市场定制"的全新国产奔驰E级长轴距版首辆量产车在北京奔驰公司新工厂正式下线。新车特别针对中国消费者的乘坐习惯及行政级座驾的需求，设计了长达5012mm的车身，比同代进口E级轿车加长140mm，宽敞的空间为驾乘人员提供了更加舒适的体验。

2014年3月28日，北京汽车集团有限公司与戴姆勒股份公司就进一步扩大北京奔驰的产能签订合作协议。2014年9月，北京奔驰研发中心正式投入使用，其与梅赛德斯-奔驰乘用车中国研发中心并属于戴姆勒研发体系，且是戴姆勒合资企业最大的，也是唯一拥有原型车试制车间的研发中心，由包括气候腐蚀、整车排放、发动机和振动噪声在内的7个先进试验室，研发试制车间和测试跑道三大核心板块构成，可以与梅赛德斯-奔驰乘用车中国研发中心以及德国本土研发中心共同提供技术解决方案，为梅赛德斯-奔驰国产车型的研发和生产提供重要的技术支撑。

2. 创始人戈特利布·戴姆勒

戴姆勒（见图2-24）是家中的次子，生于德国汉诺威南部。

戴姆勒受到奥托与兰根的邀请，与迈巴赫一起转入德意志瓦斯发动机公司，协助改进四冲程发动机。可是，坚持工厂动力源的奥托和兰根，与坚持制造小型高速汽油机的戴姆勒、迈巴赫意见不合，戴姆勒于1882年离开了该公司，迈巴赫也随之离开。戴姆勒和迈巴赫随后在斯图加特的郊外康斯塔特设立了工厂，着手制造汽油机，他们对奥托四行程发动机加以改进后，于1883年推出了自己的首部戴姆勒卧式发动机；1884年又推出了性能更好的立式发动机（取名立钟，风冷，1/4hp，最高转速600r/min），并于1885年4月3日获得德国专利。1885年，戴姆勒将此发动机安装于木制双轮车上，并让儿子保罗驾驶。这辆取名"骑式双轮车"的双轮车获得了德国专利，是世界上第一辆摩托车。1886年，戴姆勒把这种发动机安装在他为妻子43岁生日而购买的马车上，创造了第一辆戴姆勒汽车，并由迈巴赫成功地完成了试车。该工厂现已作为纪念馆，面向社会公众开放。遗憾的是，当时的摩托车与四轮汽车在1903年的火灾中荡然无存，现在斯图加特戴姆勒-奔驰博物馆的展车是于1905年制造的列普里加样车。

图2-24　戈特利布·戴姆勒

1897年，戴姆勒的公司生产出"凤凰"牌小客车。1903年，以公司主要投资人埃米尔·耶利内克的女儿的教名"Mercedes"命名的小客车投产，其前置发动机有35hp，有前车灯、挡风板、双门5座位，敞篷车的造型也更加接近现代轿车的特征，还有比原来更轻、动力更大的发动机、更长的轴距、更低的重心，大大提高了戴姆勒公司的商业地位。

1926年6月29日，戴姆勒公司和奔驰公司合并，成立了在汽车史上举足轻重的戴姆勒-奔驰公司（Daimler-Benz）。从此，他们生产的所有汽车都命名为梅赛德斯-奔驰（Mercedes-Benz）。

> **小资料**
>
> 戴姆勒-奔驰车型有3个等级："C"代表紧凑型轿车；"E"代表中等尺寸轿车；"S"代表最大型、最豪华的轿车。代表等级的字母放在前面，表示排量的数字放在后边。而过去"E"代表燃油喷射的意思，"CE"为两门轿车，"SL"为双人座跑车，"F"代表未来型轿车，"D"代表柴油机型轿车，"SLK"跑车是集双门运动车和敞篷车于一身的小型跑车，只需一揿按钮，它的折叠式硬质车顶就会在25s内完全隐藏到行李舱中，使单排坐轿车奇妙地变成敞篷跑车。

五、保时捷汽车公司

"保时捷"车标采用德国保时捷公司创始人费迪南德·波尔舍（Porsche）的姓氏和斯图加特市的盾型市徽（见图2-25）。

1948年，第一部以"保时捷"命名的跑车问世。从此，"保时捷"以精湛的技术和优雅的造型艺术在跑车世界占有一席之地。该公司车标标注在发动机舱盖前方最显眼的位置。"PORSCHE"字样在车标的最上方，表明该车标为"保时捷"所拥有；"STUTTGART"字样在马的上方，说明公司总部在斯图加特市；车标中间是一匹骏马，表示斯图加特

图2-25　保时捷车标

这个地方盛产一种名贵种马，这种马早在 16 世纪就非常有名了；车标的左上方和右下方是鹿角的图案，表示斯图加特曾是狩猎的好地方；车标右上方和左下方的黄色条纹代表成熟了的麦子颜色，喻示五谷丰登；车标中的黑色代表肥沃的土地；车标中的红色象征人们的智慧和对大自然的钟爱。上述因素共同组成一幅精湛意深、秀气美丽的田园风景画，象征"保时捷"辉煌的过去和美好的未来。

> **小资料**
>
> 保时捷公司生产的车型包括博克斯特（Boxster）和 911 系列轿车以及保时捷 SUV 系列。

六、标致-雪铁龙汽车公司

标致-雪铁龙汽车公司介绍

1976 年，标致汽车公司和雪铁龙汽车公司合并成立标致-雪铁龙（PSA Peugeot Citroen）集团，下设两个汽车分公司：标致汽车分公司和雪铁龙汽车分公司，总部设在法国巴黎，主要经营汽车、零部件、金融。标致-雪铁龙集团于 2010 年 9 月 1 日成立亚洲运营部，其总部位于上海，负责标致-雪铁龙集团在中国及在其他亚洲国家与区域内整体业务的发展、伙伴及合作关系、市场营销策略、产品计划、当地研发能力的发展及采购等。标致-雪铁龙集团在中国的合资公司有：标致雪铁龙集团及东风集团的合资公司——神龙汽车有限公司（DPCA），位于武汉；标致雪铁龙集团与中国长安汽车集团的合资公司——长安标致雪铁龙汽车有限公司（CAPSA），位于深圳。标致-雪铁龙集团其他子公司在我国业务：PSA 融资银行、Gefco（捷富凯）及 Faurecia（佛吉亚）。该集团倡导绿色科技，2009 年 9 月发布了其在未来 10 年的中国环保车战略：预计 2020 年，集团在中国的二氧化碳排放量减少 50%。

集团旗下两个汽车品牌中，标致汽车公司采用"狮子"作为标志（见图 2-26），也是汽车产品的车标，象征着标致汽车永远保持旺盛的生命力。"狮子"标志非常别致且有品位，线条简洁、明快、刚劲有力，象征着今天的标致更为完美、更为成熟，既突出力量又强调了节奏，更富有时代气息。标致汽车生产的所有车型都用公司的标志作为车标，其主要车型有标致 308、标致 301、标致 408、标致 3008、标致 508、标致 2008、标致 307 等。

雪铁龙汽车公司以创始人安德烈·雪铁龙（Andre Citroen）的姓氏命名，是标致-雪铁龙集团的重要成员。雪铁龙汽车公司以两个人字形重叠的齿轮作为公司标志（见图 2-27，以纪念安东尼·雪铁龙于 1912 年发明了人字齿轮）和汽车车标。

图 2-26　标致汽车公司标志

图 2-27　雪铁龙汽车公司标志

> **小资料**
>
> 目前，雪铁龙汽车公司在十多个国家设有子公司。雪铁龙汽车公司的经典车型有 ZCV、DS、SM、CX、XM 系列轿车以及萨克索（Saxo）等。

七、雷诺汽车公司

雷诺汽车公司是法国汽车制造企业，是世界十大汽车公司之一，创立于 1898 年，创始人路易·雷诺。1898 年 10 月，路易·雷诺在法国布洛涅-比扬古创立雷诺工厂，后改组为雷诺股份有限公司，生产各种车辆。

雷诺-日产联盟介绍

雷诺汽车公司是法国第二大汽车公司，是法国国营汽车公司，生产各型汽车，是涉足发动机、农用机械、自动化设备、机床、电子业、塑料橡胶业的工业集团。1999 年组建雷诺-日产联盟，旗下品牌有雷诺（法国）、日产（日本）、英菲尼迪（日本）、三星（韩国）、达契亚（罗马尼亚）、麦克（美国）等。雷诺汽车是出口德国最多的车种之一，它的质量及可靠性也被认为是一流的。雷诺汽车公司的经典车型有雷诺科雷傲、雷诺 19、雷诺 25 型等。

图 2-28　雷诺公司标志

雷诺公司的标志如图 2-28 所示，是 4 个菱形拼成的图案，象征雷诺三兄弟与汽车工业融为一体，还表示"雷诺"能在无限的空间中竞争、生存、发展。

八、劳斯莱斯汽车公司

造型优雅的劳斯莱斯是浑身散发着王者气息的华贵品牌，是车主身份与地位的象征。

劳斯莱斯汽车公司由亨利·莱斯和查尔斯·劳斯在 1904 年创立。劳斯莱斯的车标（见图 2-29）中重叠在一起的两个 R 分别代表劳斯（Rolls）和莱斯（Royce）姓氏的第一个字母，体现了两人融合、和谐的关系。

图 2-29　劳斯莱斯车标

劳斯莱斯轿车性能可靠、质量超群，而且特别值得一提的是，它讲究豪华的车内装饰。车内的仪表板是从意大利和美国进口的胡桃木，这是特意选用的材质，连纹路的颜色都要一致，因此拼缝接口处几乎看不出接缝的痕迹。经过精心打磨的木料，表面光亮如镜。劳斯莱斯公司甚至还把相同的木料注册归档，以备损坏时换用。座椅及顶篷则选用丹麦和英国的上等牛皮，其下脚料为巴黎高级首饰店的皮包面料。经过多道工序加工的牛皮光滑柔软，表面涂有既耐磨又防水的涂料。车内地毯选用威尔顿纯羊毛制成，连行李舱也铺满地毯，既是高格调装潢，又有隔声效果。车内宽敞舒适，颇有宫殿气派，因此英国女王以此车作为自己的"御驾"。劳斯莱斯的外表高贵，它的任何一个细节都必须满足两个要求：一个是从任何角度看，在美学上及视觉上都应是完美的；另一个是任何部件的性能都必须是无可挑剔的。

汽车文化

九、捷豹汽车公司

英国捷豹（Jaguar）汽车公司创建于1935年，总部设在英国汽车工业的心脏地带考文垂，创始人是威廉·里昂斯爵士。捷豹的车标（见图2-30）是一只跃起欲飞的豹，含义为彰显美洲虎的优雅风度，又兼具温顺的脾性、超凡的动力和敏捷的身手，形神兼备，具有时代感与视觉冲击力，它既代表了公司的名称，又表现出向前奔驰的力量与速度，象征该车如美洲豹一样驰骋于世界各地。

图2-30　捷豹（JAGUAR）车标

> **小资料**
>
> 捷豹汽车公司的经典车型有C-type、D-type、E-type、Mark X、XJ12、XJ16、XJS、XK、XJ系列、R系列、S-type等。

十、菲亚特汽车公司

菲亚特汽车公司是世界十大汽车公司之一，总部设在意大利都灵市，创始人是乔瓦尼·阿涅利，现任董事长是创始人的长孙。菲亚特是世界上第一个生产微型车的汽车生产厂家，公司全称是意大利都灵汽车制造厂，菲亚特（FIAT）是该公司全名缩写的译音。该公司雇员目前已经达到30万名左右，在100多个国家设有子公司和销售机构。其轿车公司主要有菲亚特、玛莎拉蒂、法拉利、阿尔法·罗密欧和蓝旗亚公司，工程车辆公司是依维柯公司。

菲亚特汽车公司主要成员由小客车部、商用和工业车辆部、农业拖拉机部、建筑机械部、钢铁部、零部件部、机床和生产系统部、土木工程和土地利用部、能源部、铁道车辆和轨道运输系统部以及旅游和运输部11个部门组成。此外，菲亚特汽车公司还拥有财务部、其他产品部和一个研究中心。

菲亚特汽车公司的标志几经变化，最初是盾型的，自1899年创立意大利汽车公司时开始使用。1906年成立意大利都灵汽车厂，标志采用了该厂名中意文4个单词的首字母组成字母F.I.A.T，这就是菲亚特的来源。1918年，公司决定取消字母中所加的标点，即写成Fiat或FIAT，1921年又出现圆形FIAT标志，1931年开始使用矩形FIAT标志（见图2-31）。2007年，为了庆祝公司的100年诞辰，公司将标志更新为圆形（见图2-32）。

图2-31　矩形"FIAT"标志

图2-32　圆形"FIAT"标志

扫一扫

菲亚特汽车公司介绍

> **小资料**
>
> 菲亚特汽车公司的主要产品包括：城市轿车有菲亚特600（Seicento），熊猫（Panda）；小型轿车有鹏托（Punto），派力奥（Palio）；中型轿车有时尚（Stilo），西耶那（Siena）和派力奥周末款旅行车（Palio W. E.）；中高档轿车有马力昂（Marea），马力昂旅行车（Marea W. E.）；多功能型MPV有多能（Multipla），多宝（Doblo）；厢式车有优力赛（Ulysse）；敞篷车Spider有小帆船（Barchetta）。

十一、阿尔法·罗密欧汽车公司

阿尔法·罗密欧汽车公司是意大利第二大汽车公司，于1910年在米兰创建，创始人是尼古拉·罗密欧。20世纪80年代末被菲亚特汽车公司兼并后，这个奄奄一息的公司重放异彩。阿尔法·罗密欧汽车公司主要生产小客车、赛车、载货车，在外国设有子公司。

阿尔法·罗密欧公司的标志（见图2-33）综合了米兰市市徽和中世纪米兰领主维斯康泰公爵的家徽，标志中红色的十字是米兰城盾形徽章的一部分，用来纪念古代东征的十字军骑士，吃人的龙形蛇图案则来自当地一个古老贵族家族的家徽，象征着中世纪米兰领主维斯康泰公爵的祖先击退使城市人民遭受苦难的"龙蛇"的传说。两个代表米兰传统并且在意义上没有关联的标志组合成为一体，成了汽车界最著名的标志之一。外环圈的上半部标注有公司的字样"ALFA ROMEO"。这一标志从1911年开始成为阿尔法·罗密欧汽车公司的标志和所生产汽车的车标。

图2-33 阿尔法·罗密欧公司标志

> **小资料**
>
> 阿尔法·罗密欧汽车公司的经典车型有阿尔法（Alfa）、蜘蛛（Spider）、阿尔菲塔（Alfetta）、吉利耶塔（Giulietta）、阿尔法苏（Alfasud）等。
>
> 著名的阿尔法·罗密欧跑车有145/146型、155系列、164系列、GTV、96款"流云"等。

十二、蓝旗亚汽车公司

出色的赛车手文森佐·蓝旗亚（Lancia）于1906年在都灵市创办了以自己名字命名的公司。蓝旗亚也译成蓝西亚，是菲亚特集团旗下的品牌之一，以生产豪华汽车为主。虽然目前蓝旗亚汽车在中国并不多见，但作为意大利一个历史悠久的著名品牌，它在世界豪华车市场占有重要的地位。蓝旗亚是个赫赫有名的品牌，其品牌拥有超过60年的历史。1969年，它被菲亚特汽车公司收购，成为其三大品牌之一，但仍保留自己的标志。在欧洲，它也是非常少见的高档汽车品牌。

蓝旗亚汽车的标志具有双层意义：一是采用了公司创始人文森佐·蓝旗亚的姓氏；二是借用了蓝旗亚（Lancia）在意大利语中"长矛"的含义。2007年，蓝旗亚更换了新的车标，这款新的车标寓意丰富，象征着蓝旗亚的品牌无论过去还是未来，都有能力适应任何变化和挑战。新版车标（见图2-34a）与传统车标（见图2-34b）相比有较大的改变，色系仍采用从1911年就开始使用的蓝色为主色调，但把旧款车标的蓝色长矛、旗帜图案和四分圆的图案相互融合，设计成为类似两个半圆的背景图案，将长矛的矛尖部分变形成为分割背景圆的尖状突起，整个背景用蓝色填充。新车标整体感觉比旧车标更加简洁与醒目。

a) 新车标（2007年至今）　　b) 蓝旗亚旧车标（1911—2007）

图2-34　蓝旗亚汽车新车标

十三、法拉利汽车公司

法拉利汽车公司于1929年成立，以创始人恩佐·法拉利（Enzo Ferrari）的姓氏而命名。意大利素有"高性能汽车王国"之称，而法拉利跑车无疑是王冠上最美的钻石。法拉利公司总部在意大利马拉内罗，主要制造一级方程式赛车、赛车及高性能跑车。法拉利是世界闻名的赛车和运动跑车的生产厂家，早期的法拉利赞助赛车手并生产赛车，1947年独立生产汽车。菲亚特（FIAT）拥有法拉利90%的股权，但法拉利却能独立于菲亚特运营。法拉利汽车大部分采用手工制造，产量很低，截至2011年，法拉利共交付7195台新车，为法拉利史上最佳销售业绩。

图2-35　法拉利公司标志

法拉利公司标志（见图2-35）是黑色的"跃马"，底色为摩德纳（工厂所在地）金丝雀羽毛的颜色。这个"跃马"标志原为意大利空军战斗英雄佛朗希斯科·巴拉克的护身符，"跃马"保佑他在历次空战中获胜。巴拉克在生活中也非常喜欢马，他所用的物品上都有马的图案，他也是一名技术高超的骑手。

> **小资料**
>
> 法拉利汽车公司的经典车型有法拉利F355Spider、法拉利F50、法拉利F512M、法拉利F456GT等。

课后练习

一、填空题

1. VW标志是_____汽车品牌的标志。
2. 宝马汽车公司的创始人是_____。
3. 戴姆勒-奔驰是全球最大的商用车制造商，总部位于_____。

二、选择题

1. 属于大众品牌的是（　　）。

A. 西亚特　　　　B. 雪铁龙　　　　C. 奔驰　　　　D. 欧宝

2.（　　）是戴姆勒-奔驰汽车公司旗下超豪华车品牌。

A. 劳斯莱斯　　　B. 宾利　　　　C. 精灵　　　　D. 迈巴赫

3. 以下品牌不是意大利跑车品牌的是（　　）。

A. 兰博基尼　　　B. 保时捷　　　C. 布加迪　　　D. 玛莎拉蒂

4. 以下品牌不是菲亚特汽车公司品牌的是（　　）。

A. 阿尔法·罗密欧　B. 兰博基尼　　C. 玛莎拉蒂　　D. 法拉利

5. 下列不属于德国汽车品牌的是（　　）。

A. 大众　　　　　B. 宝马　　　　C. 雷诺　　　　D. 戴姆勒-奔驰

三、简答题

1. 简述保时捷汽车车标的含义。
2. 大众品牌的标志是由哪两个字母组成？代表了什么含义？

任务二　美洲车系

 学习目标

1. 熟知属于美洲车系的汽车公司有哪些。
2. 了解美洲车系各汽车公司的发展简史及其主要汽车产品的构成。
3. 熟悉美洲车系各不同品牌汽车之间的互相关联性。
4. 掌握美洲车系各种汽车车标图案的含义。

 建议学时

2学时。

 相关知识

一、通用汽车公司

1. 公司概述

（1）公司标志　通用汽车公司的标志"GM"取自其英文名称"General Motors Corporation"的前两个单词的第一个字母（见图2-36），各车型车标都采用了公司下属分部的标志，而"GMC"图案则成为通用汽车公司载货车的专用标志。

（2）公司简介　通用汽车公司成立于1908年9月16日，自1931年起成为全球汽车行业的领导者，总部设在美国底特律（见图2-37）。世界品牌实验室编制的《世界品牌500强》（第十五届，2018年）中，通用汽车公司排名第59位。通用汽

扫一扫

通用汽车公司介绍

图2-36　通用汽车公司标志

公司创建以来，先后联合或兼并了别克、凯迪拉克、雪佛兰、奥兹莫比尔、雪佛兰科尔维特、悍马等公司，还拥有铃木（Suzuki）3%的股份。

2000年以来，通用汽车面临着巨大的挑战和创新。2002年，通用大宇汽车公司的建立为通用汽车提供了一个专业从事小型车生产制造的新组织，为雪佛兰品牌的全球增长增添了动力，通用汽车新车型的设计与品质得到了有效提升。通用汽车公司不断推进电动汽车技术，开发了一系列氢动力燃料电池概念车和展示车。2007年1月，通用汽车首次向世界展示雪佛兰Volt概念车（见图2-38），并使整个汽车业为之一震。

图2-37　通用汽车公司总部大厦

图2-38　雪佛兰Volt概念车

2009年，通用汽车进行了破产重组，新通用汽车公司保留了雪佛兰、凯迪拉克、别克和GMC四个核心品牌，萨博、悍马、土星等品牌被出售。在2017年6月7日发布的2017年《财富》美国500强排行榜中，通用汽车公司排名第18位。2018年7月19日，《财富》世界500强排行榜发布，通用汽车公司位列第21位。

> **小资料**
>
> 通用汽车公司旗下的轿车和货车品牌包括：
>
> 美国：别克（Buick）、雪佛兰（Chevrolet）、凯迪拉克（Cadillac）、庞蒂克（Pontiac）、土星（Saturn）、GMC、奥兹莫比尔（Oldsmobile）、悍马（Hummer）；
>
> 欧洲：欧宝（Opel）、萨博（Saab）、沃克斯豪尔（Vauxhall）；
>
> 澳大利亚：霍顿（Holden）；
>
> 韩国：大宇（Daewoo）；
>
> 中国：宝骏、五菱。

（3）**通用在中国**　通用汽车公司进入中国已超过90年，在中国的发展愿景是：携手战略合作伙伴，致力于成为中国汽车工业的最佳参与者和支持者。通用汽车在中国地区建立了10家合资企业和2家全资子公司，拥有超过58 000名员工。通用汽车公司在中国进口、生产和销售别克、凯迪拉克、雪佛兰、宝骏、五菱及解放品牌的系列产品，涵盖中高档轿车、多功能旅行车、紧凑型轿车和微型车等。

上海通用汽车有限公司成立于1997年6月12日，由上海汽车集团股份有限公司、通用汽车公司共同出资组建而成，是中国最先进的整车生产合资企业。上海通用汽车坚持"以客户为中心、以市场为导向"的经营理念，不断打造优质的产品和服务，目前拥有别克、雪佛兰和凯迪拉克三大品牌，覆盖了从高端豪华车到经济型轿车各梯度市场以及高性能豪华轿跑、MPV、SUV、混合动力汽车和电动汽车等细分市场。

2. 创始人威廉·杜兰特

威廉·杜兰特（William Crapo Durant，1861—1947，见图2-39）是美国通用汽车公司的缔造者，被认为是世界汽车发展史上首位传奇人物。

杜兰特出生于美国马萨诸塞州波士顿市，17岁时便辍学，在祖父的木柴厂当起了办事员。24岁时，年轻的杜兰特便已经成为富林特（Flint）保险公司的合伙人。

1886年，杜兰特投资1500美元在弗林特市与道拉斯·道特共同建立了一家马车制造公司。他凭借自己出色的销售经验和才华，让马车公司的业务突飞猛进，效益节节攀升。通过15年在全美范围内推销款式和颜色各异的马车，他的马车业务也走向了世界，成为美国当时最大的马车制造商。

图2-39　威廉·杜兰特

1904年8月，杜兰特接管了"别克"这家销售低下、负债累累的汽车生产商。杜兰特不仅要求自己的汽车公司生产适合恶劣驾驶环境的可靠轿车，而且不断推广自己的汽车，并通过赛车领域为自己树立名声，他们组建了一支冠军赛车队，里面有不少国家级车手。1907年，后来成为杜兰特东山再起的合作伙伴的路易斯·雪佛兰（Louis Chevrolet）（见图2-40）参加了这个团队，并且在1909年前赢得了半数以上的美国公路赛。

图2-40　路易斯·雪佛兰

经过杜兰特4年的苦心经营，1908年，别克已经成为美国顶尖的汽车制造商，其产品也成为当时市场上最畅销的一个品种。杜兰特成了一个成功的汽车制造者，在使自己企业获得巨大成功的同时，也使密歇根的富林特成为美国发展最快的城市，而杜兰特也在当时人们的心目中从"马车国王"变成了"汽车天才"。

1908年9月16日，乔治·E. 丹尼尔等三人以2000美元的资金起家，在新泽西州联合组建了早期的通用汽车公司。同年9月28日，杜兰特列席了通用的内部会议，并表示自己愿意将别克汽车公司卖给通用，他本人也愿意为通用效力。3天后，通用以375万美元的价格收购了别克汽车公司，杜兰特如愿以偿地进入了通用。

1910年，通用汽车当年利润超过了1000万美元。1911年，通用汽车公司由于扩张太快陷入了亏损的泥潭，出现了严重的资金危机。为了渡过难关，杜兰特只好向财团求救，但是他本人被要求辞职，而且财团要通过信托方式控制通用汽车。杜兰特只好无奈地离开了他一手打造出来的通用汽车。

杜兰特没有被打倒，他从朋友那里筹集资金，和曾经是别克车队冠军的路易斯·雪佛兰创建了另外一个汽车公司，开始制造经济车型雪佛兰（Chevrolet）汽车，迅速占领了市场很大的份额。杜兰特将手中部分的雪佛兰股份换成通用汽车的股份，于1916年将通用汽车公司重新夺了回来，使其变成了雪佛兰的一家子公司。1917年8月1日，新通用汽车完全取代了老通用，原通用宣布解散。在第二次掌权的过程中，杜兰特收购了Fisher Body（费希博德）和Frigidaire（北极电器），并将它们添加到他的雪佛兰、奥兹莫比尔、凯迪拉克和别克的阵营中。在4年间，通用汽车公司的汽车产销量扩大为1916年的8倍。1920年11月，董事会主席皮埃尔·杜·彭特（Pierredu Pont）再次将杜兰特从公司辞退，并安排收购了他在通用的股份。

3. 通用汽车公司品牌

（1）别克（Buick）汽车　　别克汽车的标志（见图2-41）是"三盾"，以一个圆圈中包含三个盾为基本图案，它被安装在汽车散器格栅上，形似三颗颜色不同（从左到右为红、白、蓝三种颜色）并依次排列在不同高度位置上的子弹。它给人一种积极进取、不断攀登的感觉；又表示别克分部采用顶级技术，刃刃见锋；也表示别克分部培养的人才个个是无坚不摧、勇于登峰的勇士。别克这个图案的由来可以直接追溯到别克汽车的奠基人——苏格兰人大卫·别克（见图2-42）的家徽，就像它的名字一样，永远纪念着大卫·别克，是他将别克汽车一手缔造起来。

别克最开始是个独立的汽车制造商。1903年5月19日，大卫·别克在布里斯科兄弟的帮助下创建美国别克汽车公司，但过了不久公司就陷入了困境。

1904年下半年，马车制造商威廉·杜兰特（William C. Durant）看准了别克未来的巨大潜力，毅然买下了这家公司。他在1908年成立了通用汽车公司，并沿用别克品牌作为开拓新公司的基石，公司才开始兴旺起来，并创造出汽车年产量居美国第一位的业绩。

图2-41　别克品牌标志

图2-42　大卫·别克

1908年，别克的产量达到8820辆，居美国第一位。同年，以别克汽车公司为中心，美国通用汽车公司得以发展。当通用汽车公司扩大后，别克部成为通用汽车公司的第二大部门，主要设计制造中档家庭轿车。别克汽车2018年的销量突破140万辆，在通用汽车公司内排第三位。别克车具有功率大、个性化、实用性和成熟的特点。

随着2004年奥兹莫比尔的淘汰，别克成为唯一一个总部设在北美的入门级豪华轿车品牌。别克是历史最为悠久的美国汽车品牌之一，通用汽车公司的财务危机导致人们纷纷猜测别克品牌可能会被卖掉或者被废弃，但是，基于别克汽车在中国市场的完美表现和新推出的昂科雷（Enclave）型号（见图2-43）的巨大成功，这一传闻的可信度微乎其微。2009年7月，通用汽车完成重组，结束破产保护，别克等4个品牌得以保留，其他4个品牌出售。

图 2-43　别克昂科雷（Enclave）汽车

（2）雪佛兰（Chevrolet）汽车　雪佛兰汽车的标志（见图2-44）是一个图案化了的蝴蝶结，象征雪佛兰轿车的大方、气派和风度。Chevrolet是瑞士赛车手、工程师路易斯·雪佛兰的名字。"金领结"标志是怎样形成的，对此一直有着众多猜测，其背后的故事也许永远都将是个谜。而最浪漫的故事版本，也可能是最广泛流传的说法，与威廉·杜兰特有关。1908年，杜兰特在一次环球旅行途中，在一家法国旅馆的墙纸上意外地发现了一个有趣的图案，他认为这个图案可以作为汽车的标志，于是就撕下了墙纸的一角并展示给朋友们看。后来，这个有趣的"金领结"图案就演变成了畅销全球的雪佛兰汽车的标志。

雪佛兰汽车公司的发展起源于1909年，当时通用汽车公司的创始人威廉·杜兰特邀请声誉卓著的瑞士赛车手、工程师路易斯·雪佛兰帮忙设计一款面向大众的汽车。1911年11月3日，以设计师名字命名的雪佛兰汽车公司应运而生。

图 2-44　雪佛兰品牌标志

新公司成立的初始目标是制造能与亨利·福特的T型车相竞争的低价位汽车。1912年，第一辆雪佛兰5座旅行小轿车Classic Six在底特律问世。著名的雪佛兰"金领结"标志于两年后的1914年正式亮相，并在日后成为全世界最知名的企业标志之一。

1918年，雪佛兰汽车公司被通用汽车公司并购。次年，雪佛兰汽车的销售量就超过了通用汽车所有其他品牌的汽车。从1928年之后的55年（其中4年战争除外），是雪佛兰汽车公司的黄金时期，在此期间，雪佛兰不仅创下了诸如"每天每隔40s就会有人购买一台雪佛兰汽车"的业界神话，更以最富创新精神的产品理念，将品牌精髓深深融入了美国人的文化生活中，并成为美国最受推崇的品牌之一。

雪佛兰是美国汽车保有量最大的汽车品牌之一。作为一个值得信赖、年轻有活力的国际汽车品牌，雪佛兰始终以值得信赖、自信睿智、乐于表现、年轻活力的品牌个性，致力于以优秀的产品和专业高效的服务，为广大的消费者带来驾驶的快感。

雪佛兰的国际品牌血统已经传承了百年，它是通用汽车全球销量最大的品牌，自1912年推出第一部产品以来，全球总销量至今已超过1亿辆。2012年，雪佛兰全球销量超过495万辆，再创历史新高。

2007年，雪佛兰的科迈罗（Camaro）成为世人瞩目的焦点，因为电影《变形金刚》里性格开朗活泼、善于和人类相处的"大黄蜂"正是从一辆雪佛兰科迈罗变形而成的（见图2-45），在它变身的一刹那，相信很多观众都为之惊叹。一辆极富时代气息，同时具备威猛身形的科迈罗展现在眼前，人们禁不住要感受一番。不过作为仅有一辆的概念车，也只能看着主人公驾驭这款全新的概念车。

克尔维特（Corvette）是雪佛兰著名的跑车品牌，其作为美国第一款跑车诞生于1953年。半个多世纪以来，克尔维特以其强大的动力、出色的性能、耀目的外形和舒适的驾乘感受征服了无数跑车爱好者。克尔维特虽然隶属于通用旗下的雪佛兰品牌，但它却拥有独立的车标（见图2-46a）：在椭圆内交叉嵌套着两面旗子，黑白相间的旗子，表示该车是参加公路汽车大赛的运动车；红色旗子上的蝴蝶结表示该车由通用雪佛兰汽车分部制造；奖杯和花朵，则代表夺冠后的欢呼和成功的纪念。2005年克尔维特对车标进行了升级，新车标只保留了旗帜的设计形式。2014年车标再一次更换（见图2-46b），新车标在硬朗中透露着柔和，具有高度的独特性，让消费者能迅速记住它。

图2-45 雪佛兰科迈罗（CHEVROLET Camaro）与变身后的大黄蜂

图2-46 雪佛兰·克尔维特车标

克尔维特ZR1（见图2-47）则是该系列的最新一款产品，采用了众多高科技材料，如碳纤维、陶瓷以及电子技术等。全新2019款ZR1使用6.2升LT5小型V8发动机，在不到1英寸的范围内增压。ZR1从0加速到100km/s只需要2.8s，最高时速可达340km/h。克尔维特在中国的知名度虽然比不上法拉利和保时捷,但它在美国堪称国宝级超级跑车,代表着美国的历史、文化、精神,还有最高端的汽车技术。

(3) 凯迪拉克(Cadillac)汽车 凯迪拉克汽车标志选用"凯迪拉克"之名,是为了向法国的皇家贵族、探险家、美国底特律城创始人安东尼·门斯·凯迪拉克表示敬意。凯迪拉克车标(见图2-48)是凯迪拉克家族在古代的宗教战争中使用的"冠"和"盾"型的纹章图案。"冠"上的七颗珍珠表示凯迪拉克家族具有皇家贵族血统,即凯迪拉克家族是贵族;"盾"象征着凯迪拉克军队是一支金戈铁马、英勇善战、攻无不克、无坚不摧的英武之师。"盾"被两根深褐色棒平分为四

图2-47 克尔维特ZR1

个等份。第二和第三等份有两根相互交叉的褐色棒,表示战士在遥远战场上富有骑士般的勇猛。第一和第四等份中各有三只黑色的鸟,这两等份又被黑色棒一分为二,并把三只相同的鸟分开,两只在上,一只在下。按照当时的风俗,没有腿和嘴的鸟,如果三只同时出现(即三位一体),就表示神圣。"盾"中的各种颜色也有深刻的含义:红色表示勇猛和赤胆;银色表示婚姻、纯洁、博爱和美德;黄色表示丰收和富有;蓝色表示创新和探险;黑色表示土地。

凯迪拉克车标自诞生以来,其花冠和盾牌的设计在不同时代不断呈现出突破性的变化,百年来竟达30次之多。这充分折射出凯迪拉克的信心与勇气——在继承底特律城创始者胆识和荣誉精髓的同时,不断大刀阔斧地为其产品注入大胆而前瞻的设计理念。21世纪伊始,凯迪拉克再次对车标进行了一系列令人耳目一新的革新,花冠盾牌车标再次最先变化。新车标(见图2-49)色彩明快、轮廓鲜明,整体以铂金色为底色,而花冠则保留了原有的色彩组合:金黄与纯黑相映,象征智慧与财富。盾牌由色彩不同的简单块面组成:红色象征行动果敢,银白色代表着纯洁、仁慈、美德与富足,蓝色代表着骑士精神。新的车标再次勾画出凯迪拉克品牌中同时呈现的经典、尊贵和突破精神。

凯迪拉克汽车分部的前身是凯迪拉克公司,创建于1902年,创始人是亨利·利兰德(见图2-50)。他以前是奥兹汽车公司的零部件供应商,1900年起自行制造汽车,并成为凯迪拉克汽车公司的生产经理。他造出凯迪拉克汽车时,已经是60岁的老人了。

1906年,凯迪拉克汽车公司在底特律的工厂已经成为当时世界上最大、最完善且装备精良的汽车厂,产品质量上乘。1909年,亨利·利兰德将公司卖给了通用汽车公司,自己随后做了8年通用汽车公司凯迪拉克的经理。他设计的凯迪拉克牌汽车重视豪华性和舒适性,凯迪拉克汽车至今仍保持这一传统,以专门生产高级轿车而闻名于世。

凯迪拉克是美国通用汽车公司旗下的一个豪华汽车品牌,在北美甚至成为高品质与豪华的同义词。凯迪拉克被一向以追求极致尊贵著称的伦敦皇家汽车俱乐部冠以"世界标准"的美誉。一百多年来,凯迪拉克汽车在行业内创造了无数个第一,缔造了无数个豪华车的行业标准。可以说:凯迪拉克融汇了百年历史精华和一代代设计师的智慧才智,成为汽车工业的领导性品牌。

汽车文化

图 2-48　凯迪拉克车标　　　　图 2-49　凯迪拉克新车标　　　　图 2-50　亨利·利兰德

　　凯迪拉克的费利伍德轿车（见图 2-51）是通用汽车公司最经典的车型，该款汽车专用的北极星 V8 发动机性能非凡，造型庄重、稳健，装备考究、豪华，深受各国高层人士的喜爱。1993 年，该车型被重新设计，继续保持了凯迪拉克的传统。

　　特别值得一提的是，近代美国总统，包括里根、克林顿、小布什、奥巴马，都选择凯迪拉克作为总统座车（见图 2-52），企业老板、好莱坞名流等车主更是不计其数。

图 2-51　凯迪拉克费利伍德轿车　　　　图 2-52　凯迪拉克总统专用车

　　(4) 庞蒂克（Pontiac）汽车　庞蒂克汽车车标（见图 2-53）由两部分组成。其字母"PONTIAC"取自于美国密歇根州的一个地名。图形是带十字标记的箭头，它被镶嵌在发动机散热器格栅的上方，表示庞蒂克是通用汽车公司的重要一员，也象征庞蒂克汽车安全可靠；箭头则代表庞蒂克的超前技术和攻关精神。

　　在美国，庞蒂克是一个历史悠久的百年品牌。1907 年，爱德华墨菲创立了奥克兰汽车公司，公司在 1909 年加入通用汽车，1926 年推出首款以"庞蒂克"命名的六缸轿车，庞蒂克从此便成为美国的主流汽车品牌之一，主要生产轿车和跑车。现在以"太阳火"

图 2-53　庞蒂克车标

为代表的庞蒂克运动系列轿车在通用汽车阵容中扮演着重要的角色。庞蒂克的小型跑车 Solstice（见图2-54）因为是美国电影《变形金刚》中爵士（见图2-55）的变形车而举世闻名。

图2-54　庞蒂克小型跑车（Solstice）

图2-55　电影《变形金刚》中的爵士

（5）土星（Saturn）汽车　土星汽车车标（见图2-56）是由图形和文字组成的，车标图案中的土星镶嵌在红色的背景上，展现出了星球运动的两条轨迹，其表示公司致力于高科技材料的开发，追求高科技产品，也寓意土星汽车技术先进、设计超前且最具时代魅力。

土星汽车分部设立在美国田纳西州春山市，是通用汽车公司下属全资子公司。土星汽车分部是通用汽车公司为推行"土星计划"于1985年成立的一个部门，旨在降低成本，缩小与日本汽车企业的差距，开发先进的土星牌轿车，以抵御日本轿车大规模进入美国市场所造成的冲击，因此借鉴了日本汽车公司先进的生产和管理模式。

1990年7月，土星轿车正式投产，主要产品有豪华轿车、旅行轿车和跑车（见图2-57）。土星是通用汽车公司最年轻的品牌，它以市场需求为准绳，在外观和性能上有所创新，在价格上又有优势，因此，土星主宰着美国价格低廉的紧凑型汽车市场。

图2-56　土星汽车车标

图2-57　土星汽车

2009年6月，破产的通用汽车公司将土星品牌出售给美国第二大汽车经销商——彭斯克汽车集团（Penske Automotive Group Inc）（PAG）。

（6）奥兹莫比尔（Oldsmobile）汽车　奥兹莫比尔的名称由"Olds"与"Mobile"组成。"Olds"是创始人奥兹（见图2-58）的姓，"Mobile"在英文中是机动车的意思。奥兹莫比尔车标中的箭形图案代表公司积极向上和勇往直前的创新精神（见图 2-59）。

图 2-58　兰塞姆·奥兹

图 2-59　奥兹莫比尔车标

奥兹莫比尔汽车分部的前身是 1897 年由兰塞姆·奥兹和弗兰克·克拉克创建的奥兹汽车公司，它是美国历史最悠久的小客车生产厂，也是美国汽车领域的老牌先驱，1908 年并入通用汽车公司。

奥兹莫比尔的经典车型，如 Olds、Cutlas、Toronado（见图 2-60）等车型都是人们所喜爱的。在它辉煌的 1985 年，销售量多达 100 万辆。但从 1985 年以后，奥兹莫比尔品牌汽车由于市场定位模糊、车型老化，在激烈的市场竞争中逐渐败下阵来。2004 年，通用汽车公司做出了一个令全球汽车界震惊的决定，也是一个令无数奥兹莫

图 2-60　奥兹莫比尔（Toronado）汽车

比尔汽车迷们倍感伤心的决定——奥兹莫比尔将停产。2004 年 4 月 29 日，在位于美国密歇根州首府兰辛的奥兹莫比尔轿车组装厂中，一辆 2004 款奥兹莫比尔 Alero GLS 轿车作为该品牌的最后一辆车，在奥兹莫比尔总裁乔治·纳哈斯（George Nahas）及通用员工里克·帕尔（Rick Parr）的驾驶下驶离了生产线，结束了奥兹莫比尔汽车的百年辉煌。它的下线也标志着奥兹莫比尔将逐渐淡出历史。只是不知是否有一天，奥兹莫比尔会像当初的大众甲壳虫一样，在沉寂了数年后，以全新的姿态再次驶入人们的视线。

（7）AM General 汽车　美国 AM General 公司（简称 AMG）以生产全球公认的性能最优秀的越野车——悍马（Hummer）而扬名世界，现在，悍马的车标使用权和生产权归美国通用汽车公司所有。

AMG 公司的创始人是自行车制造商乌特，1903 年成立越野（Overland）汽车部。1908 年，约翰·威利购买了越野汽车部，并于 1912 年成立威利斯-越野（Willys-Overland）汽车公司，生产威利-骑士汽车。1953 年，商人凯赛购买了威利斯-越野汽车公司，更名为凯赛-吉普公司。1970 年，美国汽车公司（后被克莱斯勒汽车公司兼并）购买了凯赛-吉普公司，又改为吉普公司，该公司由商务汽车部和政务汽车部两个独立部门组成。1971 年，政务汽车部成为美国汽车公司子公司——AMG 汽车公司。1980 年，AMG 承接美国军方另一宗军车

设计任务，设计出 HMMWV 越野军用汽车。1983 年，美国 LTV 公司从美国汽车公司手中购入 AMG 汽车公司。1992 年，AMG 又转入了 Renco 集团。同年，借助于在海湾战争中的优异表现，第一辆民用悍马汽车面世，取名 Hummer，译音"悍马"。悍马汽车外观刚烈、凶悍十足，拥有前所未有的动力性能、操纵性能及耐久性能，能够适应各种特殊的路面，能够行驶在许多运动型车辆无法行驶的道路上，因此被业内外人士誉为"越野车王"。民用悍马一经面市便立即获得一些男性购车者的喜爱。

1999 年，通用汽车公司从 AM General 取得了悍马的车标使用权和生产权，并设计了新款悍马 H2，于 2002 年年初投放市场。悍马 H2（见图 2-61）还是变形金刚中救护车的原型车，其外形可以让人明白无误地联想起我们熟悉的"汽车人"形象——粗壮、稳重、坚实，特别是车前部突出体现了悍马的特征。

图 2-61　悍马（Hummer H2）越野车

2010 年 4 月 6 日，通用汽车在美国召开了由美国 153 家悍马经销商参加的会议，决定正式启动关闭悍马生产线的程序，不再生产任何型号的悍马汽车。

(8) 萨博（SAAB）汽车　萨博是通用汽车公司旗下的著名汽车品牌之一。萨博汽车公司由斯堪尼亚汽车公司和瑞典飞机有限公司合并，原飞机公司瑞典文缩写为 SAAB，后即作为公司轿车的车标（见图 2-62）。车标正中是一头戴王冠的狮子头像，王冠象征着轿车的高贵，狮子则为欧洲人崇尚的权力象征。半鹰、半狮的怪兽图案象征着一种警觉，这是瑞典南部两个区域流行的一种象征，而萨博汽车和航行器的生产就起源在这里。

1990 年，美国通用汽车公司购入了萨博汽车公司 50% 的股份，成为最大的控股公司，在此强大的经济与技术支持下，萨博公司如虎添翼，设计出的 SAAB 汽车多次荣获世界大奖。在销售持续旺盛的情况下，2000 年，通用汽车公司完全收购 SAAB 汽车公司，并于当年 8 月启用了 SAAB 的新车标（见图 2-63）。新车标正中是一个红色的鹰头狮身并带有翅膀的神话动物头像，头上戴有金色的皇冠，其圆形底部为银色的 SAAB 字母，背景为蓝色。这种动物在瑞典南部的神话中代表着警觉和灵敏，这正符合 SAAB 汽车安全与动力性完全统一的特性。

图 2-62　萨博旧车标　　　　　图 2-63　萨博新车标

今天，SAAB 依然是居于领先地位的欧洲高档汽车品牌之一。广大客户对 SAAB 品牌的认同，源自于对 SAAB 核心品牌价值的欣赏，即独具一格的安全性能、设计及其航空科技（见图 2-64）。SAAB 享有的欧洲高档品牌的声誉，也很大程度上归功于那些遍布全球的销售和服务网络。通过完善的客户体系，SAAB 为全球客户提供着世界级标准的服务。

2010 年，荷兰跑车制造商世爵收购萨博，萨博品牌从此进入了一个新纪元。2011 年 12 月，萨博正式向瑞典法院递交破产申请。经过一番波折，萨博现被国能电动汽车瑞典有限公司（NEVS）收购。

图 2-64　萨博（SAAB Aero X）概念车

（9）欧宝（Opel）汽车　欧宝曾译为"奥贝尔"，取自创始人亚当·欧宝（Adam Opel）的姓氏。欧宝车标由图案和文字两部分组成（见图 2-65）：图案代表公司的技术进步和发展，像闪电一样划破长空，震撼世界，喻示汽车风驰电掣，同时也显示自身在空气动力学方面的研究成就；文字"Opel"则是创始人的姓氏。1899 年，老欧宝的两个儿子弗里茨和威廉搞起了汽车和摩托车制造，并以老爹的名字"亚当·欧宝"（见图 2-66）命名工厂，欧宝这一名称因而得以沿用至今。

图 2-65　欧宝车标

图 2-66　亚当·欧宝

1862 年，德国人亚当·欧宝在吕塞尔海姆创建了欧宝公司。公司最初生产缝纫机、自行车，1897 年开始生产汽车；1924 年，公司建成德国第一条生产汽车的流水线，汽车产量猛增，开始在德国廉价车领域独占鳌头。欧宝公司于 1929 年将公司 80% 的股份卖给美国通用汽车公司，德国欧宝公司成为该公司的子公司，也是通用汽车公司在欧洲的一个窗口。

已经畅销全球的欧宝欧美佳（Omega）、威达（Vectra）、雅特（Astra）、赛飞利（Zafira）轿车在世界各地的各种权威轿车评选中获得多项大奖，这也是对欧宝轿车长期以来所坚持的科技创新和精良工艺的最好肯定。欧美佳作为欧宝的旗舰车型，是各界成功人士的首选高级轿车；威达则是德国科技美学的新锐，作为一款性价比出众的中级轿车，也颇受钟情于事业和家庭的人士青睐；雅特以时尚、安全、实用的特点，树立了 21 世纪家庭小型轿车的新典范；赛飞利旅行车拥有宽敞灵活的空间，功能用途变化丰富，兼顾了家庭和公务两方面的使用需求。欧宝经典运动车型 GT（见图 2-67），也以其灵动飘逸的外形、优良的性能、齐全的配置、实惠的价格赢得了市场的青睐。

2017 年 3 月 6 日，美国通用汽车与法国标致雪铁龙（PSA）联合宣布，原通用旗下欧宝、沃克斯豪尔以及通用汽车金融欧洲业务将转让与标致雪铁龙集团，交易价值分别为 13 亿欧元和 9 亿欧元，总计 22 亿欧元（约合 161 亿人民币）。

图 2-67　欧宝（OPEL GT）汽车

(10) GMC 商务车部　GMC（吉姆西）是通用集团旗下的 MPV 部门，车标（见图 2-68）取自其英文名字 General Motro Corporation。现有使节（Envoy）、峡谷（Canyon）、西拉（Sierra）、育空河（Yukon）、旅行（Safari）、商务之星（Savana）等一系列车型。

GMC 货车第一次作为品牌出现是在 1912 年的纽约国际车展上，当年 GMC 生产了 372 辆货车。GMC 的前身是 "Rapid Motor Vehicle Company"，通用汽车在 1909 年将其收购并与后来收购的 "Reliance Motor Car Company" 合并成通用汽车货车公司。

Topkick 系列是通用旗下 GMC 分部开发的中型商用车，C4500 是其入门型号。电影《变形金刚》系列中铁皮的原型车就是 GMC Topkick C4500（见图 2-69）。铁皮是汽车人中的元老级人物，同时也是最坚强和富有作战经验的斗士，它的口头禅是：高技术电路永远也无法代替勇气。尽管铁皮是行动最慢的汽车人，但它的表皮却是由 Trithyllium 钢合金制成，这种合金中含有辐射碳纤维，从而使它免受多数攻击的伤害。

图 2-68　GMC 车标

图 2-69　GMC Topkick C4500 与铁皮

(11) 沃克斯豪尔（Vauxhall）汽车　沃克斯豪尔汽车公司是英国产量较大的轿车厂商，1903 年开始制造汽车，1925 年被美国通用汽车公司收购，现为 PSA 的子公司。公司选用了 13 世纪所在这片土地的领主 Fulkle Breant 使用的怪兽 Griffin 徽标作为车标（见图 2-70）。

2017 年 3 月，美国通用汽车与法国标致雪铁龙（PSA）联合宣布，原通用旗下欧宝、沃克斯豪尔以及通用金融欧洲业务将加

图 2-70　沃克斯豪尔车标

入 PSA 集团。

沃克斯豪尔汽车公司的历史可以追溯到 1857 年。当时，苏格兰工程师亚历山大·威尔逊在英国沃克斯豪尔地区建立了一家生产蒸汽机的工厂，最初的业务是制造船用发动机和铸件，这就是沃克斯豪尔车厂的前身。

沃克斯豪尔的造车历史开始于 1903 年。那一年，公司老板霍奇斯（Hodges）在仔细研究了自己那辆戴姆勒汽车以后，决定生产一种比这更好的汽车，于是沃克斯豪尔汽车进入了研发阶段。第一辆沃克斯豪尔汽车的发动机功率只有 5hp，但还是卖出了 43 辆，这让 Hodges 看到了希望，于是在此后的 10 多年时间里先后推出了多款新车型。

1925 年美国通用汽车公司用 250 万美元的价格收购了沃克斯豪尔，这比欧宝被通用收购还要早 4 年。在通用旗下虽然沃克斯豪尔各种车型的销量不断增加，但在通用全球汽车战略调整下，沃克斯豪尔逐渐变成了欧宝在英国的制造工厂。直到现在沃克斯豪尔依然是英国汽车产量较大的车厂之一。

（12）霍顿（Holden）汽车　霍顿是美国通用汽车公司旗下品牌之一，这个品牌自 1856 年就开始在澳大利亚使用，是澳大利亚人引以为豪的一个品牌。霍顿（Holden）车标（见图 2-71）是一只狮子滚球的红色圆形浮雕，其设计灵感来自一则古老传说：埃及狮子滚石头的情景启迪人类发明了车轮。今天的霍顿不但称霸澳大利亚车坛，还以锻造强劲的发动机而闻名于世，那只红色雄狮也就更具象征意义。

图 2-71　霍顿车标

1918 年，霍顿公司首次为顾客设计制造车身，此后渐渐涉足汽车制造行业。1931 年和美国通用汽车澳大利亚分公司共同组建了"通用-霍顿汽车公司"（1994 年起单独使用"霍顿汽车公司"的名称）。1936 年，该公司在墨尔本设立总部及生产、服务、销售等各个部门，开始在澳大利亚生产汽车并迅猛发展。从 1948 年起，霍顿开始生产自己的车型，澳大利亚历史上第一辆属于本土的轿车 48-215 于当年下线，霍顿从此成为澳大利亚汽车工业的代名词。1948 年至 1953 年间除了少量生产美国通用旗下的车型，霍顿拥有很多自己成功开发的产品，其中包括连续 8 年蝉联澳大利亚最畅销中级房车的 Commodore、一直在澳大利亚高档轿车销量中名列前 5 的 Statesman/Caprice 车型和澳大利亚本地最受欢迎的双门跑车 Monaro（见图 2-72）。到

图 2-72　双门跑车 Monaro

2002 年，公司年销售金额达 59.4 亿澳元，共销售汽车 175442 辆（部分从美国总部进口），占该年全澳汽车销售总数量的 19.3%，在当地名列前茅。

（13）宝骏汽车　2010 年 7 月 18 日，通用汽车在我国合资企业之一的上汽通用五菱正式发布新乘用车品牌"宝骏汽车"（见图 2-73），标志这个中国微车领头羊开始正式进军方兴未艾的轿车市场。宝骏品牌的车标图案设计（见图 2-74），与品牌名称"宝骏"声形一致，以"马首"作为品牌标识的主元素，以形表意，突出体现了我国传统元素与现代构图形式相融合的创意思路，充分体现了"乐观进取、稳健可靠、精明自信"的品牌精神。标识中马首昂立，

代表企业与品牌向中国数百万车主及用户致敬！经典盾形车标的整体结构采用了国际品牌常见的稳固而坚定的盾形，暗寓其产品的可靠品质及上汽通用五菱全面进入主流乘用车阵营的决心和意志。色彩感观以银色金属线条为主色，以绿色为辅助色，用色简洁大气。银色金属线条具有鲜明的汽车行业车标属性，绿色则表达了上汽通用五菱"低碳、环保"的理念。

图 2-73　宝骏 630 汽车

图 2-74　宝骏车标

宝骏品牌是上汽通用五菱积二十多年造车经验，融八年合资运作精华，充分集成上汽、通用、五菱三方股东的优势，着力打造的适合全球新兴市场的乘用车品牌。其品牌定位为"可靠的伙伴"，以"乐观进取、稳健可靠、精明自信"为品牌精神，旨在为消费者提供"在拥有时觉得自豪的，有价值的汽车产品"，并以"具有国际标准和高可靠性，拥有成本和使用成本低，使客户拥有价值最大化，以超越顾客期望"为品牌宣言。

（14）**五菱汽车**　五菱汽车品牌诞生于 1985 年，是企业"艰苦创业，自强不息"精神的体现，现已经成为中国汽车行业最具价值的品牌之一。五菱是柳州五菱汽车有限责任公司的注册商标及品牌，此标志已经全部授权给上汽通用五菱使用。其车标（见图 2-75）由五个鲜红的菱形组成，形似鲲鹏展翅，雄鹰翱翔，有上升、腾举之势，象征着五菱的事业不断发展。"五菱"文字、图形商标分别荣获"中国驰名商标"。

2002 年 11 月 18 日正式挂牌成立的上汽通用五菱汽车股份有限公司，是由上海汽车集团股份有限公司、通用汽车（中国）公司、柳州五菱汽车有限责任公司三方共同组建的大型中外合资汽车公司，其前身可以追溯到 1958 年成立的柳州动力机械厂。

图 2-75　五菱车标

二、福特汽车公司

1. 公司概述

（1）**公司标志**　福特汽车车标（见图 2-76）选用"福特"的英文字母 Ford，图案为蓝底白字，形象化地构成一只形似奔跑的、充满活力的白兔形象。1903 年，亨利·福特创建福特汽车公司，名称取自创始人亨利·福特的姓氏。

（2）**公司简介**　福特汽车公司（Ford Motor Company）是世界上最大的汽车企业之一。福特汽车公司创立于 20 世纪初，凭借创始人亨利·福特的"制造人人都买得起的汽车"的梦想和卓越远见，福特汽车公司历经一个世纪的风雨沧桑，终于成为世界四大汽车集团公司之一。

福特汽车公司介绍

图 2-76　福特车标

　　福特汽车公司是一家生产汽车的跨国企业，位于美国密歇根州迪尔伯恩（现公司总部所在地），由亨利·福特所创立。在其 20 世纪如日中天的时候，福特、通用与克莱斯勒被认为是底特律的三大汽车生产商，这三家公司统治着美国当时的汽车市场。1908 年，福特汽车公司生产出世界上第一辆属于普通百姓的汽车——T 型车（见图 2-77），为"装在汽车轮上的美国"立下了不朽功勋，世界汽车工业革命就此开始。1913 年，福特汽车公司又开发出了世界上第一条流水线（见图 2-78），这一创举使 T 型车从 1908—1927 年累计产量达到了 1500 万辆，缔造了一个前所未有的世界纪录（后被大众甲壳虫以累计 2000 万辆的纪录打破）。福特先生因此被尊为"为世界装上轮子"的人。1922 年，福特汽车公司正式收购林肯汽车公司（见图 2-79）。1956 年，福特汽车公司正式上市，福特汽车全球总部大楼落成（见图 2-80）。

图 2-77　福特 T 型车

图 2-78　福特汽车流水生产线

图 2-79　福特汽车公司收购林肯汽车公司

图 2-80　福特汽车全球总部大楼

> **小资料**
>
> 福特汽车公司旗下拥有的汽车品牌有：
>
> 美国：福特（Ford）、林肯（Lincoln）、水星（Mercury）。
>
> 日本：马自达（Mazda）。
>
> 英国：阿斯顿·马丁（Aston Martin）（2007年福特公司售出）、路虎（Land Rover）（2008年福特公司售出）。
>
> 欧洲：沃尔沃（Volvo）（2010年福特公司售出）。

时至今日，福特汽车公司仍然是世界一流的汽车企业，仍然坚守着亨利·福特先生开创的企业理念：消费者是我们工作的中心所在，我们在工作中必须时刻想着我们的消费者，提供比竞争者对手更好的产品和服务。

(3) **福特在中国** 福特汽车（中国）有限公司成立于1995年10月25日。目前，福特汽车拥有位于江西省南昌市的江铃汽车（股份）有限公司30%的股份。作为上市公司，江铃汽车（股份）有限公司于1997年底成功推出了全顺（Transit）商用汽车。到目前为止，已成功地推出了多达13种商务车型。

2001年4月25日，福特汽车公司和长安汽车集团合作，初期共同投资9800万美元成立了长安福特汽车有限公司，双方各拥有50%的股份，专业生产满足中国消费者需求的轿车，目前已经成功推出了福特嘉年华、蒙迪欧和全新福特福克斯。

2004年10月，福特汽车（中国）有限公司将其运动型多功能车（SUV）的杰出代表新款福特"翼虎"（Maverick）引进中国市场。福特翼虎是福特品牌在中国市场正式推出的第一款SUV，加速了福特汽车在中国市场的步伐，成为福特加速完善中国产品线的重要举措。2005年福特汽车公司旗下享誉盛名的豪华全尺寸SUV——林肯领航员（Lincoln Navigator）登陆中国。

2. 创始人亨利·福特

亨利·福特（Henry Ford，1863—1947，见图2-81），美国汽车工程师与企业家，福特汽车公司的创始人。他也是世界上第一位使用流水线大批量生产汽车的人，他的生产方式使汽车成为一种大众产品，促进了汽车在美国和全世界的普及，是世界汽车工业史上具有划时代意义的伟大创举。福特也因此被誉为"汽车大王"。

图2-81 亨利·福特

亨利·福特出生于美国密歇根州韦恩郡的史普林威尔镇，在兄弟6人中排行老大。1896年，他试制成一辆二气缸气冷式四马力汽车，将它命名为"四轮车"；1898年与他人一起成立了底特律汽车公司，但是1900年就破产了。后来在其他商人的支持下，他又成立了第二家自己的公司，但不久便被迫离开了公司，这家公司此后被改名为凯迪拉克。

1903年6月，福特与11位其他投资者再次建立了福特汽车公司，并一直担任总经理。1908年，福特公司推出了福特T型车，1913年创立了全世界第一条汽车流水装配线，从而大大提高了生产效率。这种流水作业法后来被称为"福特制",并推广至全世界。

1919年1月,福特将公司总裁的位置让给他的儿子埃兹尔·福特。20世纪20年代后期,美国开始形成了一个巨大的旧车市场,大批质量相当不错的二手车只需几十甚至十几美元就可以买到,这对一向以"价廉物美"而著称的T型车是一个极大的冲击。同时,通用汽车公司生产出了许多时髦多样和先进豪华的汽车,满足了不同阶层的购买需求,也对T型车造成了较大的竞争压力。1943年5月,福特的儿子埃兹尔·福特去世,年仅49岁,福特将指挥权交给孙子亨利·福特二世。1947年4月7日,亨利·福特因脑溢血死于底特律,终年83岁。

1947年,《纽约时报》评价福特:"当他来到人世时,这个世界还是马车时代;当他离开人间时,这个世界已经成为汽车的世界。"这一评价形象地概括了福特与这个世界的关系。在1999年,《财富》杂志将亨利·福特评为"20世纪最伟大的企业家",以表彰他和福特汽车公司对人类工业发展所做出的杰出贡献。

3. 福特汽车公司品牌

(1) 福特(Ford)汽车　福特是福特汽车公司品牌家族的第一个成员。福特品牌的主要产品有福克斯(Focus)、野马(Mustang)、探险者(Explorer)、蒙迪欧(Mondeo)、翼虎(Mauerick)、猎鹰(Falcon)等。

福特野马是美国汽车文化历史上最富传奇色彩的车型之一,自由、刺激且极具驾驶乐趣,它将象征自由奔跑的野马作为其车标(见图2-82),是无数青年的梦想车型。它的外表凶猛甚至令人生畏,它的声音狂躁、马力十足,它堪称美国精神的象征,熟知它的人们都亲切地称之为"Muscle Car"(肌肉车)。

图2-82　福特野马车标

自1964年以来,野马在全球的销售业绩已经超过800万辆。2009年1月21日,福特在底特律举行的北美国际车展上推出了新款野马Mustang Shelby GT500跑车(见图2-83),与老款野马跑车相比,新款野马在造型设计上做了改变,显得更有气势(GT500的车标为眼镜蛇,为野马高性能跑车专用标)。福特汽车公司还表示,在汽车业受金融危机打击的背景下,新款野马的设计意在使福特汽车公司的蓝色椭圆形标志得到更多尊重。

(2) 林肯(Lincoln)汽车　林肯轿车是以美国第16任总统的名字亚伯拉罕·林肯命名的汽车,借助林肯总统的名字来树立公司的形象,显示该公司生产的是顶级轿车。其车标(见图2-84)是在一个矩形中含有一颗闪闪放光的星辰,表示林肯总统是美国联邦统一和废除奴隶制的启明星,也喻示福特林肯牌轿车的前程光辉灿烂。

林肯是福特汽车公司拥有的除福特外的第二个品牌,是亨利·利兰德(还创立了凯迪拉克品牌)于1917年8月创建的,他当时已经74岁。1919年年底,林肯汽车公司造出样车,并以美国总统林肯的名字给汽车命名。1922年,福特汽车公司收购了林肯汽车公司,成立福特汽车公司林肯分部,生产林肯牌高级华贵轿车。1936年,福特汽车公司又成立水星部，生产普通轿车。1948 年，两部合并，成立林肯水星部，专门生产高级豪华型轿车，加强了高级轿车的生产。

图 2-83　野马 Mustang Shelby GT500 跑车

图 2-84　林肯车标

由于林肯汽车杰出的性能、高雅的造型和无与伦比的舒适性，自 1939 年美国富兰克林·罗斯福总统以来，一直被白宫选为总统专车。它最出名的一款车是肯尼迪总统乘用的检阅车（见图 2-85）。林肯品牌著名的产品有：MKX、MKZ（见图 2-86）、大陆（Continental）、马克（Mark）、城市（Town Car）和领航员（Navigator）等，在中国出售的林肯轿车多为城市系列。

图 2-85　肯尼迪总统检阅车——第四代林肯大陆

图 2-86　MKZ

（3）水星（Mercury）汽车　水星汽车是用太阳系中的水星作为汽车的图形车标，其车标（见图 2-87）是在一个圆中有三条行星运行轨迹，很容易让人联想到福特汽车具有太空科技和超时空的创造力，也可看作是在水星背景下的三条向远方延伸的道路。在西方，人们是用希腊神话中的人物来给行星命名的。古希腊人因为看到水星的运行速度快，绕太阳的公转时间最少，所以把希腊神话中跑得最快的信使墨丘利（Mercury）的名字作为水星的名字。

图 2-87　水星车标

水星公司作为独立公司，于 1930 年开始在福特名下生产轿车。1935 年亨利·福特之子埃兹尔·福特提议建立一条生产中档车的生产线，福特汽车的管理层意识到在经济型的福特车和豪华的林肯车之间仍存在市场机会，于是在 1935 年开发出了水星品牌，进军中档车市场，1938 年 10 月正式推出水星产品。当时的水星配备了强劲的 95hp，V8 发动机，大受欢迎，一年之内就占领了美国 2.19% 的轿车市场份额。1945 年，福特汽车成立了林肯-水星分部，由本森·福特（亨利·福特二世的胞弟）掌管。1998 年，林肯水星的总部迁往加利福尼亚州的阿尔文（Irvine）。美国水星汽车一直是创新和富于个性的美国汽车的代表。水星品牌的著名产品有卡普里（Capri）、美洲狮（Cougar）、水貂（Sable）、村民（Villager）、登山者（Mountainer）、环宇（Mystique）和大公爵（Grand Marquis）等。

美洲狮是水星系列中的高级车型，因此特用凶猛的美洲狮头像作为车标（见图 2-88），表示该车像雄狮那样威武气派，像美洲狮一样与大自然共舞。

（4）阿斯顿·马丁（Aston Martin）汽车　阿斯顿·马丁汽车车标（见图 2-89）设计为一只展翅飞翔的大鹏，喻示这家公司像大鹏一样，具有从天而降的冲刺速度和远大的志向。双翅上有阿斯顿·马丁英文字样，表明这是一家"三结义"汽车公司，由阿斯顿、马丁、拉宫达三家公司合并而成。1987 年，阿斯顿·马丁被收购，成为福特汽车的品牌之一。

图 2-88　水星美洲狮车标

图 2-89　阿斯顿·马丁车标

阿斯顿·马丁之前是英国豪华轿车、跑车生产制造公司。该公司始建于 1913 年，创始人是莱昂内尔·马丁（见图 2-90）和罗伯特·班福德（见图 2-91），公司设在英国新港市，以生产敞篷旅行车、赛车和限量生产的跑车而闻名世界。阿斯顿·马丁公司生产的赛车在国际赛车坛上名气很大，曾多次获得国际汽车大赛的冠军。在英国汽车排行榜上，阿斯顿·马丁历来都紧随劳斯莱斯和宾利之后。

图 2-90　莱昂内尔·马丁

图 2-91　罗伯特·班福德

英国的阿斯顿·马丁一直是传奇的工厂，它几乎从来没有盈利过，但几经转手都被大财团收购。原因之一就是，它从不生产大众化的廉价汽车，而且产量不高。虽然英国汽车总是带有保守和固执的绅士风格，但阿斯顿·马丁的每一种款式却总是久负盛名，毫无过时之感。凭借优雅造型、源自赛车的性能、奢华内饰和英伦运动气质，有幸能够一亲芳泽的人士都对阿斯顿·马丁 DB5（见图 2-92）赞不绝口。公司于 1993 年推出了全新的 DB7（见图 2-93），被公认为当代英国最出色的轿车，并被意大利艺术家们评选为"世界上最美的轿车"之一，它的独特魅力吸引了众多的车迷。

图 2-92　阿斯顿·马丁 DB5　　　　　　图 2-93　阿斯顿·马丁 DB7

1987 年，公司被美国福特汽车公司收购。1994 年，阿斯顿·马丁成为福特汽车公司的全资子公司。福特除了为其提供财务保障外，还向它全面提供福特在世界各地的技术、制造和供应系统以及支持新产品的设计和开发，令这颗豪华跑车中的明珠重新焕发出迷人的魅力。2007 年，公司被福特卖给了英国人大卫·理查德。

（5）路虎（Land rover）汽车　路虎汽车公司以生产越野车为主，其车标（见图 2-94）就是英文名称：Land-rover。1986 年，路虎汽车公司实行私有化，改组并改名为兰德·路虎（Range Rover）汽车公司，一般简称"路虎"。1994 年，被德国宝马汽车公司收购。

2000 年 3 月，福特汽车公司向德国宝马汽车集团购买其旗下所有四轮驱动系列产品，包括揽胜（Range Rover）（见图 2-95）、发现（Discovery）、神行者（Freelander）和卫士（Defender）。

图 2-94　路虎车标　　　　　　图 2-95　路虎揽胜（Range Rover）

路虎汽车公司以四驱车举世闻名，自创始以来就始终致力于为其驾驶者提供不断完善的四驱车驾驶体验。在四驱车领域中，路虎汽车公司不仅拥有先进的核心技术，而且充满了对四驱车的热情，它是举世公认的权威四驱车革新者。尽管路虎在不断改进产品，但它始终秉

汽车文化

承其优良传统,将公司价值与精益设计完美结合。

2008年3月,福特汽车公司正式宣布已签署出售捷豹路虎业务的最终协议,印度塔塔汽车集团出资23亿美元,成为捷豹和路虎两大品牌的新主人,在国际车坛引起震动。

(6) 沃尔沃(Volvo)汽车　沃尔沃曾被译为富豪,目前中文名称统一为沃尔沃,是原瑞典著名汽车品牌(该品牌目前属于中国汽车企业浙江吉利控股集团),1927年由阿萨尔·加布里尔森(Assar Gabrielsson,见图2-96)和古斯塔夫·拉尔森(Gustav Larson,见图2-97)在瑞典哥德堡创建。

图2-96　阿萨尔·加布里尔森

图2-97　古斯塔夫·拉尔森

在拉丁语里,Volvo是滚动向前的意思,喻示着车轮滚滚向前、公司兴旺发达和前途无限。沃尔沃车标(见图2-98)由三部分图形和文字组成。第一部分的圆圈代表古罗马战神玛尔斯,这也是铁元素的古老化学符号——圆圈里面有一支箭,箭头呈对角线方向指向右上角;第二部分是对角线,在散热器上设置的从左上方向右下方倾斜的一条对角线彩带。这条彩带的设置原本出于技术上的考虑,用玛尔斯符号固定在格栅上,后来就逐步演变成为一个装饰性符号,从而成为沃尔沃轿车最为明显的标志;第三部分是沃尔沃公司注册商标,是采用古埃及字体书写的"VOLVO"字样。

1915年6月,Volvo名称首先出现在SKF(全球领先的轴承科技与制造公司)一具滚珠轴承上,并正式在瑞典皇家专利与商标注册局注册成为商标。1926年,SKF董事会批准提案并正式成立AB Volvo公司(官方认定沃尔沃成立时间为1927年),公司最初落户于瑞典哥德堡市,目的是生产民用量产汽车。

图2-98　沃尔沃车标

沃尔沃汽车公司是北欧最大的汽车企业,也是瑞典最大的工业企业集团,更是世界上20大汽车公司之一。沃尔沃以优异的质量和性能在北欧享有很高声誉;特别是在安全系统方面,沃尔沃汽车公司更有其独到之处。美国公路损失资料研究所曾评比过十种最安全的汽车,沃尔沃荣登榜首。

到1937年,公司汽车年产量已达1万辆,它的业务逐渐向生产资料和生活资料能源产品等多领域发展,并一跃成为北欧最大的公司。1999年年初,美国福特汽车公司收购该公司。2010年,中国汽车企业浙江吉利控股集团从福特手中购得沃尔沃轿车业务,并获得沃

74

尔沃轿车品牌的拥有权。

> **小资料**
>
> 沃尔沃公司的主要车型有C70、C30、S40、S60、S80（见图2-99）、V70、V50、V40等。
>
>
>
> 图2-99　沃尔沃S80汽车

三、克莱斯勒汽车公司

1. 公司概述

（1）公司标志　克莱斯勒（Chrysler）公司采用五角星勋章标志（见图2-100），它体现了克莱斯勒家族和公司员工们的远大理想和抱负以及永无止境的追求和在竞争中获胜的奋斗精神。五角星的五个部分，代表着五大洲（亚洲、非洲、欧洲、美洲和大洋洲）都在使用克莱斯勒汽车公司的汽车，克莱斯勒汽车公司的汽车遍及全世界。1963年开始，五角星形标志开始使用在Dodge、Chrysler及Plymouth品牌车辆的右前翼子板上。五角星形标志也渐渐出现在许多产品的发动机盖上，特别在20世纪80年代，当艾科卡总裁推出新款MVP来振兴公司时，五角星形标志也出现在所有经销商的招牌、公司文件和财报等位置上，只要是与克莱斯勒相关的地方，都看得到它。

扫一扫

克莱斯勒汽车公司介绍

早期的克莱斯勒汽车车标由银色飞翔标志和金色克莱斯勒印章组成，标志着汽车工程与汽车设计从此进入了一个崭新的时代。1951年，为庆祝新型180hp，331.1CID半球型V8发动机的诞生，这个车标被改为圆形；1957，此车标停用。1995年，克莱斯勒重新设计了车标，采用飞翼车标（见图2-101），由银色的飞翔标志和金色的徽章组成，中间饰以Chrysler字样，里面两侧还有两个像闪电一样的"Z"——为了纪念克莱斯勒的工程师弗雷德·齐德（Fred Zeder）。

图2-100　克莱斯勒汽车公司标志

2010年，克莱斯勒汽车公司发布新版Logo（见图2-102），新车标明显更加现代化，将公司的名称放在中间，衬以蓝底，显得更加精致，也更具流线型美感。而蓝色象征着梦想和对未来的向往。

汽车文化

图2-101　克莱斯勒车标（1995年）

图2-102　克莱斯勒新版车标

（2）公司简介　克莱斯勒汽车公司是美国第三大汽车制造企业，公司总部设在密歇根州海兰德帕克。2014年1月，菲亚特汽车股份公司完成对克莱斯勒集团所有股份的收购，克莱斯勒成为菲亚特旗下全资子公司。同时，菲亚特克莱斯勒集团宣布成立，成为全球第7大汽车制造商。

克莱斯勒汽车公司创立于1925年，创始人名叫沃尔特·克莱斯勒（Walter Chrysler，见图2-103），其前身是1907年建立的马科斯维尔汽车公司。1925年，他买下了破产的马科斯维尔汽车公司，更名为克莱斯勒汽车公司；1928年又买下道奇兄弟汽车公司；1936—1949年，还曾一度超过福特汽车公司，成为美国第二大汽车公司。1974年以后，克莱斯勒汽车公司的业务开始走下坡路，1978年出现严重的亏损，1980年濒临破产。最后，由于美国政府给予其15亿美元的联邦贷款保证，才使克莱斯勒汽车公司免于倒闭，并于1982年开始扭亏为盈。随着经营的扩大，克莱斯勒开始向海外扩张，先后在澳大利

图2-103　沃尔特·克莱斯勒

亚、法国、英国和巴西建厂并收购当地汽车公司股权，从而成为一家跨国汽车公司。1994年，克莱斯勒汽车公司共有雇员11.59万人，纯利润37亿美元，占美国汽车市场14.7%的份额。

克莱斯勒汽车公司拥有克莱斯勒、吉普、道奇品牌。克莱斯勒以制造具有创新意识、杰出工艺、设计新颖的汽车而闻名于世。诱人的浪漫情调，以人为本的精心设计且极富表现力的外观和细致入微的功能特性，长期以来不断为克莱斯勒品牌赢得业界的美誉以及汽车爱好者的关注和爱戴。

（3）克莱斯勒在中国　2005年9月，克莱斯勒（中国）汽车销售有限公司成立，是戴姆勒-克莱斯勒汽车股份公司的全资子公司。克莱斯勒（中国）汽车销售有限公司经营克莱斯勒集团在中国进口产品的品牌、进口业务、分销、网络发展和售后服务。

2006年9月15日，戴姆勒-克莱斯勒及其长期合作伙伴北京汽车工业控股有限公司的合资企业北京奔驰-戴姆勒·克莱斯勒汽车有限公司（简称BBDC）新工厂举行落成庆典，宣布生产克莱斯勒300C。2006年11月8日，国产克莱斯勒300C在我国上市。

在克莱斯勒汽车公司投放中国市场的产品中，克莱斯勒品牌包括国产克莱斯勒300C、国产克莱斯勒大捷龙、进口PT漫步者以及国产克莱斯勒铂锐；Jeep品牌包括进口全新Jeep指南者、全新Jeep大切诺基3.7L和Jeep牧马人两门款和四门款车型；道奇品牌包括道奇锋哲、道奇酷搏和国产道奇凯领。

2. 创始人沃尔特·克莱斯勒

沃尔特·克莱斯勒（Walter Chrysler，1875—1940，见图2-104）生于1875年4月，是克莱斯勒汽车公司的创始人。18岁时，他制造了一辆微型蒸汽汽车；20岁那年，他被一家工厂聘为机械师；33岁时，担任芝加哥西部铁路的动力总负责人。1910年，克莱斯勒担任通用汽车公司别克分部一家工厂的技术经理，1920年3月离开了通用。

赋闲在家的克莱斯勒受聘担任了经营困难的威利斯-奥弗兰汽车公司和马科斯维尔汽车公司的顾问，同时经营起了两家公司。1921年，当马科斯维尔行将倒闭时，他正式接管了公司的经营大权，名正言顺地对其进行了整改。1924年，由克莱斯勒本人主持开发的第一个车型"克莱斯勒6号"终于问世，1925年6月6日正式宣布成立克莱斯勒汽车公司，自己就任总经理。

图2-104　沃尔特·克莱斯勒

公司在1925年的国内排名只有27位，1926年末升至第5位，1927年则又上升至第4位。1928年通过股票交易的方式买下了道奇汽车公司，之后，又把吉普（Jeep）和顺风（Plymouth）汽车公司拉入旗下，克莱斯勒公司成为与通用、福特"三分天下"的美国三大汽车公司之一。1930至1934年间，克莱斯勒相继成立了安普莱部和爱尔坦普部，从事轴承和散热器的生产。1933年，克莱斯勒汽车公司在美国的市场占有率达25.8%，竟一度超过了福特汽车公司。

1935年7月，已满60周岁的克莱斯勒辞掉了公司总经理职务改任董事长。1940年8月18日，沃尔特·克莱斯勒于纽约逝世。

"一个美国工人的一生"，这是克莱斯勒集团创始人沃尔特·克莱斯勒对自己的评价。就是这个铁路技工出身的美国工人，凭着对事物的好奇心和对技术永不满足的创新精神，缔造了今天美国三大汽车巨头之一的克莱斯勒集团。

3. 克莱斯勒汽车公司品牌

（1）克莱斯勒（Chrysler）汽车　在九十多年的发展过程中，克莱斯勒凭着不变的创新精神，在智慧与毅力的磨砺下，坚持以"造大众买得起的好车"为宗旨，致力于打造"四轮上舒适的生活"，成为美国市场以及国际汽车市场上的著名品牌。从首创的流线型轿车到全球第一辆MPV，从垂直尾翼设计到风靡全球的克莱斯勒300C，它推出的各款代表车型无一不在世界车坛上独树一帜，赢得了无数殊荣，更是激起了无数消费者对这些引领汽车发展潮流车型的热爱和向往，而当许多人在看到克莱斯勒的飞翼标志时，都会涌起不一样的情怀。

克莱斯勒主要生产克莱斯勒大捷龙（Grand Voyager，见图2-105）、300C、PT漫步者（PT Cruiser，见图2-106）、交叉火力（Crossfire）、城乡（Town & Country）等汽车。

（2）吉普（Jeep）汽车　吉普（Jeep）是美国克莱斯勒汽车公司的一个越野车的品牌，由于它具有传奇的历史和响亮易记的发音，因此很多人都知道它，甚至不少人将吉普视为越野车的代名词，以为所有越野车都可称为吉普。这是对吉普这个名字的误解。吉普车标（见图2-107）的含义就是英文Jeep的意思，也是克莱斯勒汽车公司旗下生产越野车的公司Jeep的名称。

汽车文化

图 2-105　克莱斯勒大捷龙（Grand Voyager）

图 2-106　PT 漫步者（PT Cruiser）

从 1941 年 7 月 23 日至今，Jeep 品牌一直象征着真正的四轮驱动性能、创新技术和持续改进，开创了四轮驱动细分市场，并在 1983 年以其四门四轮驱动 Jeep 切诺基开辟了紧凑型运动型多用途车（SUV）的蓬勃发展之路。Jeep 在 1950 年注册为国际性商标，已经成为全球最著名的消费品牌之一，并且已经成为越野性能的国际代名词。

图 2-107　吉普车标

迄今为止，Jeep 汽车已销售到 100 多个国家。Jeep 的主要产品有大切诺基（Jeep Grand Cherokee，见图 2-108）、指南者（Jeep Compass）、牧马人（Jeep Wrangler）、指挥官（Jeep Commander）等汽车。

Jeep 的经典作品牧马人（见图 2-109）的原型车是由当时的班塔姆公司设计师卡尔·普罗伯斯特设计出来的。牧马人是 1962 年推出的四驱越野车，它在吉普原型车的轮廓基础上进行了设计，具有车身宽敞、造型新颖、操纵灵活、动力强大、适应性强的优点。

图 2-108　吉普大切诺基汽车

图 2-109　吉普牧马人汽车

1974 年诞生的切诺基，名字取自美洲印第安部落切诺基土著人，他们世代居住在山区，由于生活和狩猎的需要，他们擅长在山地攀行。Jeep 用"切诺基"命名，表示该车能攀过岩石、涉过泥沙、征服艰难险阻，到达胜利的彼岸。

(3) 道奇（Dodge）汽车　道奇的文字商标采用道奇兄弟的姓氏"Dodge"，车标（见图 2-110）是在一个五边形中有一个羊头形象，在汽车上使用小公羊、大公羊两个商标。该车标象征道奇汽车强壮彪悍、善于决斗，也表示道奇车部的产品朴实无华、美观大方。现在注重内在豪华、舒适但外表朴实憨厚的道奇已经成为各地富商名流的不二选择。

道奇是克莱斯勒集团旗下的汽车品牌之一，已有近百年的历史，它是美国第五大汽车品牌，在美国市场拥有6%的市场份额，是全球汽车行业的第八大品牌。道奇轿车素以价廉和大众化著称，颇受欢迎。道奇品牌的创始人是一对出生在美国密歇根州的兄弟，哥哥约翰·道奇（John Dodge，见图2-111）生于1864年，弟弟霍瑞斯·道奇（Horade Dodge，见图2-112）生于1868年。

图2-110　道奇车标

图2-111　约翰·道奇（John Dodge）

图2-112　霍瑞斯·道奇（Horade Dodge）

在19世纪90年代，自行车是底特律的主要交通工具。霍瑞斯就靠一辆自行车上下班，但是它并不十分可靠。1897年，霍瑞斯发明了防尘轴承。约翰决定由他们兄弟俩在加拿大的底特律河上建立埃文斯和道奇自行车公司。1913年，道奇兄弟在密歇根州重开了一家大型工厂，后来成为著名的道奇总厂。霍瑞斯和约翰建造了世界上第一个汽车试验场，并于1914年设计出了他们的第一辆汽车。

1928年，克莱斯勒汽车公司收购了道奇兄弟汽车公司。道奇兄弟汽车公司成为克莱斯勒汽车公司的一个分部。1983年11月2日，第一辆厢式旅行车在加拿大安大略省温索尔装配厂诞生。1987年这种车登陆欧洲后，被欧洲人命名为"多用途汽车"（MPV：Multi-Purpose Vehicle）。MPV概念从此产生并传播开来，而道奇也成为克莱斯勒汽车公司的骨干企业。

> 小资料
>
> 道奇的主要轿车型有蝰蛇（Viper，见图2-113）、无畏（Interpid）、隐形（Stealth）、小精灵（Spirit）、影子（Shadow）、霓虹（Neon）、小马（Colt）等；SUV有Durango、Dakota、公羊皮卡（Ram Truck）、Ram SRT-10、Sprinter；MPV主要有Caravan、Grand Carava，还有跨界车Journey。

图 2-113　道奇蝰蛇（Viper）

一、填空题

1. _____是美国通用汽车公司的创始人，被认为是世界汽车发展史上的传奇人物。
2. _____汽车的车标是一个图案化的蝴蝶结。
3. _____汽车由于优异的运行性能，被业内外人士誉为"越野车王"，赢得了众多青睐。
4. 1908 年_____汽车公司生产出世界上第一辆属于普通百姓的汽车——T 型车，为"装在汽车轮上的美国"立下了不朽功勋。

二、选择题

1. 世界上第一辆概念车是（　　）设计的。
   A. 凯迪拉克　　　　B. 别克　　　　　　C. 标致　　　　　　D. 雪铁龙
2. 率先实现使用标准汽车零部件生产汽车的品牌是（　　）。
   A. 凯迪拉克　　　　B. 别克　　　　　　C. 标致　　　　　　D. 雪铁龙
3. 《变形金刚》中大黄蜂原型车是（　　）。
   A. 雪佛兰 Camaro　 B. 雪佛兰 Trax　　　C. 克尔维特　　　　D. 庞蒂克
4. 2004 年通用汽车公司旗下（　　）品牌汽车停产。
   A. 庞蒂克　　　　　B. 土星　　　　　　C. 奥兹莫比尔　　　D. 霍尔顿
5. 以眼镜蛇作为车标的是（　　）。
   A. 福特野马　　　　B. 科尔维特　　　　C. 玛莎拉蒂　　　　D. 兰博基尼

三、判断题

（　　）1. 亨利·利兰德创造了凯迪拉克和林肯汽车品牌。
（　　）2. 福特野马 Mustang 是美国汽车文化史上最富传奇色彩车型之一，熟知它的人都亲切地称之为"肌肉车"。
（　　）3. 水星是通用汽车公司旗下的品牌。
（　　）4. 我国浙江吉利控股集团收购了通用汽车公司的悍马品牌。
（　　）5. 吉普（Jeep）是美国克莱斯勒汽车公司的一个越野车的品牌。

四、简述题

1. 简述凯迪拉克品牌创建和发展的历史。

2. 简述雪佛兰品牌标志形成的故事。
3. 简述通用汽车公司旗下的品牌有哪些。

任务三　日韩车系

 学习目标

1. 熟知属于日韩车系的汽车公司。
2. 了解日韩车系各汽车公司的发展简史及其主要汽车产品的构成。
3. 熟悉日韩车系各不同品牌汽车之间的互相关联性。
4. 掌握日韩车系各种汽车车标图案的含义。

 建议学时

2学时。

 相关知识

丰田汽车公司介绍

一、丰田汽车公司

1. 公司概述

（1）公司标志　丰田汽车公司（Toyota Motor Corporation），简称丰田（Toyota），日本最大的汽车公司，世界十大汽车工业公司之一，创立于1933年，现在已发展成为以汽车生产为主，业务涉及机械、电子、金融等行业的庞大工业集团。

丰田汽车车标（见图2-114）是在1989年10月公司创立50周年时发表、从1990年年初开始使用的，新车标中有3个椭圆，左右对称，在大椭圆内的两个相互垂直的椭圆分别代表顾客和厂家的心，其轮廓线重叠象征着彼此心心相印。这两个相互垂直的小椭圆的整体外轮廓为"Toyota"的首字母"T"，象征着丰田，同时也象征着转向盘，即车辆本身。外面的大椭圆象征环绕着丰田的世界。而每个椭圆的轮廓线都参考了毛笔书法的精髓，采用了不同粗细的笔画。车标的背景空间表示丰田要传达给消费者的无限价值，它包括：卓越品质、超越期待、驾驶乐趣、创新以及对安全、环境保护和社会责任的诚信。

图2-114　丰田汽车车标

（2）公司简介　丰田汽车总部设在日本东京，创始人是丰田喜一郎。1933年，丰田喜一郎在纺织机械制作所设立汽车部，从而开始了丰田汽车公司制造汽车的历史；1935年，"丰田GI"牌汽车试制成功，1937年8月28日正式成立汽车工业公司。

丰田汽车公司通过引进欧美技术，在美国的汽车技术专家和管理专家的指导下，很快掌握了先进的汽车生产和管理技术，创造了著名的丰田生产管理模式，并不断加以完善和提高，大大提高了工厂生产效率。20 世纪六七十年代是丰田汽车在日本国内的自我成长期；80 年代后，它开始了全面走向世界的国际战略，先后在美国、英国以及东南亚建立独资或合资企业，并将汽车研究发展中心合建在当地，实施当地研究开发设计生产的国际化战略。

丰田汽车公司有很强的技术开发能力，而且十分注重研究顾客对汽车的需求，因而它在不同的历史阶段创造出了不同的名牌产品，而且以快速的产品换型速度击败了欧美竞争对手。早期的丰田牌、皇冠、光冠、花冠汽车名噪一时，近来的克雷西达、雷克萨斯豪华汽车也极负盛名。

2000 年，丰田汽车公司成立了独立的车队，开始参加 F1（一级方程式赛车）赛事，成为世界上除了法拉利车队之外，仅有的一家发动机和底盘全部自己生产的车队，而且这只 F1 的新军也取得了不错的成绩。

如今，丰田已经发展成为拥有数个车系、数十个车型和车款的庞大家族，它涵盖的车型从最低端的民用经济小汽车一直到最高级的豪华轿车和 SUV，包括 RAV4、皇冠（Crown）、花冠、锐志（Reiz）、克雷西达、雷克萨斯、普锐斯（Prius）、卡罗拉（Corolla）等系列高中低端车型。

(3) 丰田在中国　丰田汽车公司在我国的事业活动可追溯至 1964 年对我国出口的首批皇冠（Crown）轿车。半个多世纪以来，丰田秉承"通过汽车，创造富裕社会"的企业理念，致力于为我国顾客提供优质的产品和服务。同时广泛开展社会贡献活动，积极适应我国社会的发展变化。

丰田如今已在我国的 8 个省和直辖市设立了 9 家独资公司、15 家合资公司和 4 家代表处，并在天津、广州、成都、长春合资建立了 6 个整车工厂和 4 个发动机工厂，推出包括 C-HR、奕泽 IZOA 在内的 22 款深受中国消费者喜爱的车型。2017 年，丰田汽车在我国地区的销量达 129 万辆，同比增长 6%，连续 5 年刷新销售纪录。

在丰田全球发展愿景的指引下，丰田不但将位于总部的相关职能部门迁移到我国，构建自主管理和决策体系，同时积极发展丰田在我国的研发事业，强化本土化研发职能、培养本地技术人才，努力提供更符合我国消费者需求的产品。

2. 创始人丰田喜一郎

丰田喜一郎（Kiichiro Toyoda，1894—1952，见图 2-115），是丰田汽车公司的创始人，也是日本汽车工业的先驱者，他对汽车工业的重大贡献在于对生产过程的科学管理方面。他创造的"丰田生产方式"，将传统的整批生产方式改为弹性生产方式，经后来的公司副总裁大野耐一进一步发展后，成为完善的"精益生产"。

丰田喜一郎的父亲丰田佐吉（见图 2-116）既是日本有名的纺织大王，又是日本大名鼎鼎的"发明狂"。在父亲的企业里，丰田喜一郎从一名普普通通的工人干起，在 10 年后完全凭借自己的能力成为公司中专管技术的常务经理。

1933 年，丰田机织所终于成立了汽车研发部门，丰田喜一郎于同年 4 月份购回一台美国"雪佛兰"汽车发动机反复进行拆装、研究、分析、测绘。直到 1933 年年底，丰田喜一郎与他的团队已经基本掌握了造车技术。1934 年，丰田喜一郎托人从国外购回一辆德国产的 DKW 前轮驱动汽车，经过连续两年的研究，于 1935 年 8 月造出了第一辆丰田 G1 货车和第一辆 A1 轿车。1937 年 8 月 27 日，丰田喜一郎自立门户，成立了"丰田汽车工业株式会社"。

图 2-115　丰田喜一郎

图 2-116　丰田佐吉（丰田喜一郎的父亲）

此后，丰田喜一郎创造了著名的丰田生产方式，即将整批生产改为弹性生产，工人每天只做必要的工作即可，早做完者早下班，做不完者可加班；工厂无须设置存货仓库，无须占用大量周转资金。

3. 丰田汽车公司品牌

（1）丰田（Toyota）汽车　丰田品牌的主要车型有雅力士（Yaris）、卡罗拉（Corolla）、凯美瑞（Camry）、兰德酷路泽（Land Cruiser）、普瑞维亚（Previa）、皇冠（Crown）、汉兰达（Highlander）、RAV4、普拉多（Land Cruiser Prado）等车型。

2008 年美国《福布斯》报道，丰田凯美瑞（见图 2-117）以 436 617 辆的总销量排在 2008 年最畅销车型第三位，而福特 F-150（货车）位居第一位，雪佛兰 Silverado（货车）位居销量第二位，本田雅阁位居第四位，丰田卡罗拉以 351 007 辆的总销量位居第五位，第六位为本田思域。

（2）雷克萨斯（Lexus）汽车　雷克萨斯是日本丰田集团旗下全球著名豪华汽车品牌，早期称为凌志。仅仅用了十几年的时间便在北美超过了奔驰、宝马的销量。1999 年起至今，其汽车销量走势持续强劲。

图 2-117　丰田凯美瑞（Camry）汽车

它的车标（见图 2-118）采用椭圆环绕的字母 L，椭圆代表着地球，表示雷克萨斯轿车遍布全世界。

Lexus 现已拥有 Ls、Gs、Is、Rx 等多个系列，一个又一个奖项或许就是雷克萨斯证明自己的最好的证据。其中雷克萨斯 Ls600hl（见图 2-119）混合动力豪华型轿车是世界首款 V8 混合动力全轮驱动产品，集豪华舒适、强劲动力、高科技含量及独特性于一身，该车型将雷克萨斯 Ls 系列的水平提升到了一个新的高度，使雷克萨斯品牌在竞争日益激烈的市场中更加深入人心。

图 2-118　雷克萨斯车标

图 2-119　雷克萨斯 Ls600hl 汽车

(3) 大发（Daihatsu）汽车　大发轿车车标（见图 2-120）将大发拼音的"D"图案化，象征着企业大发，永葆青春。公司成立于 1907 年 3 月，原名为大阪发动机制造株式会社，1951 年改为大发汽车工业株式会社。1998 年，大发汽车公司被丰田收购，成为丰田汽车集团的一员，丰田持股比例为 51.2%。目前，大发汽车工业株式会社的总部设在日本大阪府池田市，在池田、京都、九州等地有 6 家工厂。它主要生产小型轿车，其独特的技术力量和生产能力在国际上享有较高的声誉，大发公司生产的汽车已在 100 多个国家得到广泛使用。

大发公司的主要车型有特锐（Terios）、Materia、Charade、YRV、Copen（见图 2-121）等。

图 2-120　大发 Copen 轿车车标

图 2-121　大发 Copen 汽车

二、日产汽车公司

1. 公司概述

(1) 公司标志　日产汽车"Nissan"是日语"日产"两个字的罗马音形式，是日本产业的简称，其含义是"以人和汽车的明天为目标"。其车标（见图 2-122），圆表示太阳，中间的字是"日产"两字的日语拼音形式。将"NISSAN"放在一个火红的太阳上，简明扼要地表明了公司名称，这在汽车车标文化中独树一帜。

(2) 公司简介　日产汽车公司于 1933 年在神奈川县横滨市创立，总部现设在日本东京市，雇员共15万余人（2015年统计数据），是日本三大汽车制造商之一，也是世界十大汽车公司之一。日产拥有堪称世界一流的技术和研发中心，被车界称为"技术日产"，汽车行业有"科技的日产、销售的丰田"的说法。

公司经营范围涉及汽车产品、船舶设备、机床、工程机械、航天技术等领域，是一个庞大的跨国集团公司。日产还是世界顶级的汽车发动机制造商之一，它的VG和VQV6发动机连续14年当选"世界十大最佳发动机"。

图2-122　日产车标

日产汽车的历史从1933年生产Datsun（达特桑）小型货车的工厂算起，至今已有80余年。1952年，日产汽车与英国Austin（奥斯汀）汽车进行技术合作，开发出了技术水平明显提高的达特桑（Datsun）210型轿车。1957年，日产汽车在美国对达特桑210进行了严格测试，同时开发出1.2L发动机的产品以增加其出口竞争力。在整个20世纪60年代，日产全身心投入产品质量和新技术开发之中，不仅获得权威的"戴明质量奖"，而且在海外建立了第一家分厂——墨西哥分厂，此时日产汽车产品已经达到相当高的技术质量水平。20世纪70年代，日产汽车大量涌入美国市场，日产汽车公司进入飞速发展期，这一时期不仅在日本成为仅次于丰田的第二大汽车制造商，而且也成为全球十大汽车制造商之一。

1999年5月，法国最大的汽车工业集团雷诺汽车以52亿美元购得日产汽车36.8%的股份，组建雷诺-日产汽车联盟。雷诺汽车当年还迅速派出自己的副总裁、素有"成本杀手"和"商业奇才"之称的卡洛斯·戈恩出任日产汽车营业主管。

2010年4月7日，法国雷诺、日本日产和德国戴姆勒这三家汽车业巨头在布鲁塞尔签署协议结成同盟。戴姆勒与雷诺-日产的合作协议显示，戴姆勒将获得雷诺3.1%的股份和日产3.1%的股份，雷诺将获得戴姆勒3.1%的股份。之后，雷诺将以所持1.55%的股份交换日产2%的股份。因此，雷诺和日产最终将分别获得戴姆勒1.55%的股份。按协议交叉持股的锁定期将长达5年。

(3) 日产在中国　日产（中国）投资有限公司成立于2004年2月，是日产驻北京的全资子公司，与日产汽车公司总部一起管理在我国的投资。

日产在我国的业务发展历史悠久。1973年向我国出口第一辆Nissan公爵轿车。1993年成立了合资企业郑州日产，现生产皮卡和帕拉丁（Paladin）。1994年日产汽车（中国）有限公司在香港成立，主要经营进口车业务。2003年6月，日产汽车与东风汽车公司合资成立了我国最大的汽车合资企业东风汽车有限公司，旗下成立东风日产乘用车公司，专门负责乘用车业务。2004年，日产汽车驻北京的全资子公司——日产（中国）投资有限公司成立。

日产汽车在我国的业务随着我国经济的快速发展蒸蒸日上。2009年，包括进口车、乘用车和轻型商用车在内，日产汽车在我国销量达到75.6万辆；同时，东风日产的新工厂开始建设，于2012年建成投产，东风日产的总产能将达70万台。

2. 日产汽车公司品牌

目前，日产汽车在全球范围内共拥有轿车、越野车、MPV和商用车在内的30多个系列产品。商用车有佳碧、巴宁、碧莲以及日产柴的系列产品等；轿车豪华型有公爵、英菲尼迪（某款车型见图2-123，Infiniti，也译为无限，车标见图2-124）、光荣、桂冠、总统（President）和声名卓著的 Z 系列（见图 2-125）等，普通型有骐达（Tiida）、风雅（Fuga）、天籁（Teana）、阳光（Suny）、西玛（Cima）、蓝鸟（Bluebird）、骊威等；越野车产品包括途乐（Patrol）、奇骏（X-Trail）和探路者（Pathfinder）等；MPV 有贵士（Quest）。据了解，仅在轿车生产方面，目前日产汽车在日本国内共有横滨、枥木、九州、追滨、座间 5 家工厂，全球则在 18 个国家拥有 27 家工厂。日产汽车还在全球拥有四个研发中心。

图 2-123　英菲尼迪某款车型

图 2-124　日产英菲尼迪车标

图 2-125　日产 350Z 汽车

三、三菱汽车公司

1. 公司概述

（1）公司标志　三菱这个名字来源于两部分：Mitsu 表示三，而 Bishi 表示菱角；三菱的标志（见图 2-126）是岩崎家族的家族标志"三段菱"和土佐藩主山内家族的家族标志"三柏菱"的结合，后来逐渐演变成今天的三菱标志，并于 1910 年以现在的形式用于三菱合资公司的英文版营业指南书上。日本三菱汽车以三枚菱形钻石为标志，正为突显其蕴含在雅致的单纯性中的深邃灿烂光华——菱钻式的造车艺术。

图 2-126　三菱汽车公司标志

(2) 公司简介　三菱汽车公司（Mitsubishi Motors Corporation）是日本的一家跨国汽车制造商，总部位于日本东京，生产私家车及轻型商用车辆，隶属于三菱集团旗下企业。

三菱汽车公司建立于1970年，由三菱自动车贩卖株式会社、三菱重工及美国克莱斯勒汽车公司共同投资，是日本汽车行业中最年轻的汽车制造公司。另一方面，三菱集团有着生产汽车的悠久历史，早在1917年就在日本首次推出了成批生产的三菱A型轿车。

1975年以先进的科技，首创无声的防振差速车轴，透过两条双重转动的差速车轴，驱动反向曲轴，从而确保稳定又很静地行车。1980年，日本首台房车Galant使用涡轮增压柴油发动机Astron 2300。1982年成立全生产线配置涡轮增压发动机的工厂，当时装配的全涡轮增压车款有Golt、Lancer、Galant、Sapporo及Starion。1982年6月，公司与美国福特汽车公司就发动机相关合作达成协议，同年10月在美国设立汽车销售公司。1984年10月，公司与三菱汽车销售公司合并，以提高经营效率和实现体制合理化。三菱汽车公司持有韩国现代汽车一定的股份，并提供小型轿车许可证。三菱汽车公司还为奔驰汽车公司在西班牙的子公司提供发动机和生产技术。1985年，以美洲豹为名的帕杰罗（Pajero），在巴黎-达卡尔拉力赛中，于未经改装4WD生产型级别中夺取冠军。1989年，三菱Galant（图2-127）首度被美国知名的《Motor Trend》杂志推选为美国最佳进口车。1990年创新的电子循迹控制系统（TRACS）配置于三菱Sigma汽车上，顿时成为热门话题。

(3) 三菱在中国　1996年10月，由日本三菱汽车公司与长丰（集团）有限责任公司等9家企业法人共同发起设立了股份制公司湖南长丰汽车制造股份有限公司（CFA）。该公司通过引进三菱汽车公司帕杰罗V31、V33、帕杰罗io的产品技术，生产出了适合我国道路情况且具有很强市场竞争力的猎豹系列产品。

图2-127　三菱Galant汽车

2006年4月12日，日本三菱汽车正式入股东南汽车，双方开始了更为紧密的战略合作。入股后，福建汽车工业集团、台湾中华汽车公司和三菱汽车公司分别持有东南汽车50%、25%和25%的股份。

广汽三菱于2012年10月12日在长沙挂牌成立，位于湖南长沙经济技术开发区，占地面积约60万m²，目前共有员工3000余人。广汽三菱汽车有限公司是由广州汽车集团股份有限公司、三菱自动车工业株式会社、三菱商事株式会社三方合资经营的中外合资企业，合作年限30年，注册资本19.47亿元人民币，其中广州汽车集团股份有限公司持有50%股权、三菱自动车工业株式会社持有33%股权、三菱商事株式会社持有17%股权。

2. 创始人岩崎弥太郎

岩崎弥太郎（图2-128）是日本第一财阀三菱集团

图2-128　岩崎弥太郎

创始人。

1871年岩崎弥太郎买下了土佐商会，并改名为三菱商会，从事船运业。在他的领导下，1877年三菱拥有61艘汽船，占日本全国汽船总吨位的73%，一跃成为海上霸王。1885年2月7日，岩崎弥太郎因病去世，他弟弟岩崎弥之助继承了家业。在他的努力下，三菱又由海上王国变成了陆上王国。到1970年，三菱集团44个公司的总资产已占日本全部企业总资产的十分之一，被称为日本最强大的企业军团。

3. 三菱公司品牌

三菱汽车公司主要产品有三菱翼神、劲炫、帕杰罗（图2-129）、蓝瑟、欧蓝德（图2-130）等车型，生产普及型轿车、微型载货车、重型载货车和大客车。

图2-129　三菱帕杰罗（Pajero）汽车

图2-130　三菱欧蓝德（Outlander）汽车

四、本田技研公司

1. 公司概述

（1）公司标志　H标志（世界著名商标）是本田公司立业之本，也是本田公司成功之魂。本田宗一郎于1946年创建本田株式会社，1948年9月成立本田技研工业公司（即本田汽车公司），并用自己的姓氏作为公司的名称和标志（见图2-131）。本田汽车公司在20世纪80年代成立了商标设计研究组，从来自世界各地的2500多件设计图稿中，确定了现在的三弦音箱式标志，也就是带框的H，作为本田汽车和本田摩托车的图形标志，也是本田日文拼音HONDA的第一个大写字母。这个标志体现出技术创新、职工完美和经营坚实的特点，同时还有紧张感和轻松感。

本田汽车公司介绍

（2）公司简介　本田（Honda）汽车公司全称为本田技研工业股份有限公司，是本田集团的主要成员，也是全球最大的摩托车厂家，其汽车产量和规模也名列世界十大汽车厂家之列，公司总部在日本东京。目前，本田技研工业株式会社已是一个跨国集团，其产品除了汽车、摩托车外，还有发电机、农机等动力机械产品。

图2-131　本田汽车公司标志

1946年，本田宗一郎在东京成立了本田技术研究所，以建筑机械和工具起家，后来逐渐发展成为知名的汽车公司；1948年更名为本田汽车公司，1959年进入美国，在洛杉矶销售摩托车，10年后在美国销售第一辆汽车；1982年，本田成为第一家进入美国本土进行生产的日本公司，1988年开始推出美规车。

"人和车、车和环境的协调一致"是本田公司的发展方向；动感、豪华、流畅是本田公司的一贯风格；设计动力澎湃、低耗油、低公害的发动机是本田公司的技术目标；靠先进而实用的设计、卓越的制造质量和相对低廉的价格来吸引更多顾客是本田汽车公司的宗旨。

(3) 本田在中国　本田从1982年开始与我国企业进行技术合作，生产摩托车。此后，相继在摩托车、汽车和通用产品领域成立合资公司。

广汽本田汽车有限公司（简称广汽本田）于1998年7月1日成立，由广州汽车集团公司、日本本田技研工业株式会社、本田技研工业（中国）投资有限公司共同出资组建合资公司，股比为50∶40∶10，合作年限为30年。广汽本田目前有黄埔工厂和增城工厂两个厂区，截至2018年，生产能力合计达到年产60万辆，合计占地面积为160万m^2。广汽本田目前主要生产雅阁系列轿车、奥德赛多功能系列轿车、歌诗图系列跨界车、凌派系列轿车、锋范系列轿车、飞度系列轿车和自主品牌理念系列轿车，共七大系列三十余种车型。

东风本田汽车有限公司是由东风汽车集团股份有限公司与日本本田技研工业株式会社各出资50%共同组建的整车生产经营企业，成立于2003年7月16日，注册资本5.6亿美元，拥有员工超过12 405人。公司拥有具备强大研发技术力量的研究开发中心以及冲压、焊装、合成树脂、涂装、发动机铸造、机械加工、发动机装配及汽车总装等先进工艺在产车间。东风本田目前在产的主要产品有本田CR-V、思域、艾力绅、思铂睿、杰德等车型。

2. 创始人本田宗一郎

本田宗一郎（见图2-132），1906年11月17日出生于日本静冈县磐田郡光明村（后改为天龙市，现为滨松市天龙地区），日本实业家，世界著名的企业家，日本本田汽车创始人，日本本田技研工业株式会社创始人，HONDA品牌创始人。本田宗一郎是继亨利·福特后，第二位荣获美国机械工程师学会颁发的荷利奖章的汽车工程师。

图2-132　本田宗一郎

1934年，本田宗一郎创建了东海精机公司，1937年起担任东海精机工业株式会社总经理。1944年，本田宗一郎成功研制螺旋桨自动切削机，他的这项发明取得了40项技术专利。1946年10月，本田宗一郎在滨松设立了本田技术研究所，研制出一种新型的机器脚踏车，并受市场广泛欢迎。1947年，本田宗一郎亲自动手成功研制出了50mL双缸A型自行车马达，这是最早的本田摩托发动机，也是本田A型摩托批量生产的开始。1948年9月，他在滨松设立本田技研工业株式会社，担任该会社社长（董事长），同年开始研制开发摩托车并成功推出了本田-梦幻D型摩托车；1951年，又主持研制了性能更好的四冲程E型发动机及本田-梦幻E型摩托车。

在经营摩托车获得成功以后，本田宗一郎于1962年开始涉足汽车生产。他们利用在摩托车开发、经营中获得的丰富经验及大量资金，不顾一切地投入汽车开发，获得了极大的成功：先后推出过T360型货车、S500型轿车、N360型轿车等汽车产品，其中N360型轿车曾是全球畅销车；设计开发的CVCC发动机以及安装此种发动机的汽车，因其控制排污效果好而于1975年在世界汽车界引起了极大轰动，为公司赢得了不可计数的利润及极高的商业声誉。

汽车文化

1991年8月5日，为世界汽车业留下了光辉一笔的本田宗一郎去世，享年84岁。但他三个喜悦（购买的喜悦、销售的喜悦、制造的喜悦）的企业口号和三个尊重（尊重理论、尊重创造、尊重时间）的经营经验还会继续发挥其应有的作用。

3. 本田汽车公司品牌

(1) 本田（Honda）汽车　本田主要车型有思迪（City）、飞度（Fit）、雅阁（Accord）、奥德赛（Odyssey，见图2-133）、时韵（小型MPV）、思域（Civic）、CRV、Step Wgn（7座MPV）、Element、飞行员（Pilot，SUV）、Ridgeline（皮卡）、S2000跑车、Integra等。

(2) 讴歌（Acura）汽车　讴歌（Acura）汽车的车标（见图2-134）是一个机械的卡钳，源于拉丁语Accuracy（精确），寓意讴歌对细节的关注和精湛的技术！不论是拉丁语原意还是作为标志原型的卡钳，都寓意着讴歌这一代表着最高造车水平品牌的核心价值：精确、精密、精致。

图2-133　本田奥德赛（Odyssey）汽车

讴歌汽车是日本本田汽车公司旗下的高端子品牌，于1986年在美国创立，是本田为了进入包括美国、加拿大、墨西哥的北美高级轿车市场，创立的针对消费者特性和喜好的全新品牌，并以独立的第二销售网络展开销售。目前，讴歌品牌已成为北美市场销售状况最好的高档品牌之一，所有车型均在北美进行设计、开发和生产，先后开发出了以TL、RL、MDX等车型为首的丰富产品线，其中TL车型是全美地区销量最高的高级轿车。讴歌品牌已于2006年9月27日正式登陆我国市场。

讴歌NSX（见图2-135）是世界知名超级跑车品牌，其卓越的性能和炫丽的外形征服了无数车迷，在北美是法拉利等超级跑车的强劲对手，讴歌NSX出色的性能、相对低廉的售价让它成为众多车迷心中的神话。时隔10年之后的2016年年初，讴歌NSX以崭新的面貌及高科技的配置重新回到了世人面前。在本田高端品牌讴歌的加持下，升级为全新的奢华内饰，并附上了讴歌的车标。

图2-134　讴歌汽车车标

图2-135　讴歌NSX跑车（2019款）

五、日本其他汽车公司

日本除了以上4家主要汽车生产厂家外，还有铃木汽车公司（Suzuki Motor Limited）、马自达汽车公司（Mazda Motor Comporation）、斯巴鲁汽车公司（Subaru Motor Comporation）等。

1. 铃木（Suzuki）汽车公司

铃木汽车公司是一家日本汽车制造企业，成立于1920年，1952年开始生产摩托车，1955年开始生产汽车，以生产微型汽车为主。铃木于1984年首次提供技术给中国市场，也是最早进入我国市场的日本汽车公司之一。

铃木汽车车标中的S是Suzuki的第一个大写字母（见图2-136），它给人以无穷力量的感觉，象征无限发展的铃木汽车公司。铃木向全世界的客户提供优质产品，并且向使用铃木产品的客户提供优质服务。

在我国市场，铃木于1984年首次开始向我国提供技术，1993年与长安汽车合资成立长安铃木，1995年与昌河汽车合资成立昌河铃木。2004年11月1日，新型小型车雨燕（见图2-137）上市，并于2005年获得2005—2006年日本汽车年度特别奖，2018年8月23日，日本汽车制造商铃木宣布，将解除与长安汽车的合资关系，退出中国汽车市场，集中精力转攻印度市场。

图2-136 铃木汽车车标

图2-137 铃木雨燕（Swift）汽车

铃木主要车型有Swift（雨燕）、Alto（奥拓）、Splash（派喜）、SX4、Jimny（吉姆尼，见图2-138）、Grand Vitara（超级维特拉）、Kizashi（凯泽西）、Lapin（拉平）、Stingray（斯汀瑞）、Solio（索里奥）、Palette（帕雷特）、Equator（赤道）等。

图2-138 铃木吉姆尼（Jimny）汽车

2. 马自达（Mazda）汽车公司

马自达汽车公司的创始人是松田重次郎，公司原名为"东洋软木工业有限公司"，1927

年更名为"东洋工业有限公司",1984 年公司名称改为"马自达汽车公司",总部位于广岛,是日本第四大汽车制造商,也是世界上唯一研发和生产转子发动机的汽车公司。马自达汽车公司的名称来源于西亚人传说中神的名称——阿弗拉·马自达(Afura Mazda)。以此作为公司名称,有追逐光明、理性协调、聪明善良之意。马自达是日本最著名的汽车品牌,也是世界著名汽车品牌之一。

马自达起初使用的车标(见图 2-139),是在椭圆之中有一双手捧着一个太阳,寓意马自达汽车公司将拥有明天,马自达汽车跑遍全球。马自达汽车公司与福特汽车公司合作后,采用了新的车标(见图 2-140),椭圆中展翅飞翔的海鸥,同时又组成 M 字样。M 是 Mazda 的首字母,预示着公司将展翅高飞。

图 2-139　马自达旧车标

图 2-140　马自达新车标

马自达汽车公司创立于 1920 年,1931 年正式开始在广岛生产小型载货车。1960 年开始生产马自达最早的双门轻型轿车 R360 Coupe。1967 年,在世界上率先出售搭载双转子发动机的 Cosmo Sport。1979 年,与福特汽车公司合资。2002 年开始销售 Mazda 6(见图 2-141),并于 2002 年获得 RJC 年度大奖(第 12 届)。2003 年发布了 Mazda RX-8(见图 2-142),一经推出就广受好评,它使用的新一代发动机也获得了 2003 年度国际最佳发动机奖。

图 2-141　Mazda 6 汽车

图 2-142　马自达 RX-8 跑车

马自达在日本有两个主要的生产基地,海外有 19 个生产厂。位于广岛的生产厂是其全球最大的单地汽车厂之一,年生产能力超过 50 万辆,位于日本防府的生产厂的年生产能力接近 40 万辆。马自达主要的生产基地包括美国和泰国的生产基地,这两个生产基地都是与福特汽车公司共同成立的合资企业,众所周知,福特是马自达的主要业务合作伙伴以及最大的股东。马自达汽车公司有着非常完备的产品线,涉及经济型轿车、越野车、跑车等各种车型。其中,家庭用车一直占据其生产线的主导地位。马自达汽车公司的汽车设计理念在业界有着极高的认可度,其不落俗套的创新意识一直引领着日本,甚至世界汽车设计的潮流和时尚。同时,马自达汽车公司还以生产跑车闻名于世,主要车型有 Mazda 2、3、4、5、6,RX-7,RX-8 跑车等。

3. 斯巴鲁(Subaru)汽车公司

斯巴鲁汽车公司是富士重工有限公司(Fuji Heavy Industries)旗下专业从事汽车制造的公司,是生产多种类型、多用途运输设备的制造商。富士重工是日本十大汽车公司之一,1955 年合并富士工业、富士汽车、大宫富士工业、宇都宫车辆、东京富士重工业而形成现今的多元化集团,主要生产汽车,兼制飞机、铁路车辆、发动机等。

斯巴鲁在日语中的意思是昴,其企业标志是昴宿星团的六连星,并且也是斯巴鲁汽车的车标。斯巴鲁的车标(见图 2-143)代表着第二次世界大战后,五个独立的公司一起组成了现今的斯巴鲁。

斯巴鲁主要产品有四驱动轿车、微型车、轻型汽车和大客车,其中四驱动轿车畅销世界,著名品牌有力狮(Legacy)、翼豹(Impreza)、驰鹏(Tribesa)、傲虎(Outback)和森林人(Forester,图 2-144)。

图 2-143 斯巴鲁汽车车标

图 2-144 斯巴鲁森林人(Forester)汽车

六、现代汽车公司

1. 公司概述

(1)公司标志 现代汽车公司的标志(见图 2-145)是椭圆内有斜字母 H。椭圆表示地球,意味着现代汽车以全世界为舞台,进行企业的全球化经营管理。斜字母 H 是现代汽车公司英文 HYUNDAI 的首个字母,同时又是两个人握手的形象化艺术表现,代表现代汽车公司与客户之间互相信任与支持!现代汽车车标(斜花体字母 H)不同于日本的本田汽车车标(正体 H)。汽车车标安装在汽车散热器隔栅上,表示车名的文字标志则标注在车尾。

现代汽车公司致力于得到全球范围内的信任,并成为永远受欢迎的世界一流汽车企业:表现为对人的尊重,坚持以人为本的企业文化,并立志成为主导绿色环境技术、贡献于人类共同繁荣的企业;通过客户优先的价值

扫一扫

现代汽车公司介绍

图 2-145 现代汽车公司标志

理念来感动客户；为了实现以人类为中心的尖端技术而不断努力。现代汽车的经营理念以创意的挑战精神为基础，通过创造丰富多彩的汽车生活，尽力协调股东、客户、员工等汽车产业利害关系者的关系。

(2) 公司简介　1967 年，韩国历史上最富传奇色彩的商业巨子郑周永先生一手创办了现代汽车。与全球其他领先的汽车公司相比，现代汽车从建立工厂到能够独立自主地开发车型仅用了 18 年（1967—1985）。经 50 多年的发展，它已成为韩国最大的汽车生产厂家，并跻身全球汽车公司 20 强。

现代汽车公司总部在韩国首尔，主要产品有小马牌、超小马牌、斯拉塔牌小客车及载货车。目前，现代汽车公司已发展成为现代集团，其经营范围由汽车扩展到建筑、造船和机械等领域。

现代拥有世界最大规模之一的汽车生产基地——蔚山工厂、全州车厂和牙山工厂，还拥有 8 个研究中心以及韩国唯一的具有国际水平的汽车综合试验场等；主要产品有 ACCENT、SONATA 等轿车以及各类大中小型客车、载货汽车、牵引车、自卸车和各种专用汽车等；各类型汽车年产能力已达 436 万辆；同时在北美、亚洲、非洲和欧洲等地区建立了汽车生产基地。

现代汽车集团旗下主要有现代汽车、起亚汽车两大品牌，品牌形象有一定差异：起亚定位为运动时尚，现代则走高端内敛的路线。

(3) 现代在中国　2002 年，现代汽车公司与北京汽车工业控股有限公司成立合资企业，在我国建立汽车工厂，主要生产领翔、伊兰特、悦动、御翔、索纳塔、途胜、雅坤特等车型。现代汽车（中国）投资有限公司〔英文名：Hyundai Motor Group（China）Ltd.〕成立于 2004 年 9 月 22 日，是由韩国现代自动车株式会社、起亚自动车株式会社、现代摩比斯株式会社三方共同出资成立的外商投资性公司。现代汽车（中国）投资有限公司致力于通过在我国开拓新的业务领域来为集团内相关企业提供积极有效的支持，以形成更加完整的汽车产业价值链。

目前，现代汽车（中国）投资有限公司在我国直接投资的企业法人共计 15 家，业务范围涵盖零部件生产/销售、汽车电子、二手车、物流、建设等。

2. 创始人郑周永

郑周永（1915—2001，见图 2-146），韩国现代的创始人，拥有 43 家关系企业，15.5 万名员工，年营业额达 512 亿美元（现代汽车为 92 亿美元），除汽车、建设等核心企业，还包括造船、重电机械、电子等关系企业。

1915 年 11 月，郑周永出生在朝鲜中部江原北道通川郡一个贫苦的家庭。小学毕业后即四处打工维生，1942 年，用不多的资金开办了一家汽车修理厂。1976 年 1 月，通过引进乔治·敦布尔设计室的车型以及使用从日本和英国学习到的生产技术，现代汽车的第一个自主车型小马终于投产了。这款微型汽车在韩国市场迅速获得了巨大成功，令现代汽车雄踞韩国市场首位长达 20 年之久。1992 年，现代又在底特律车展上推出完全自主研发成功的第一款概念车——HCD-I，其流畅的线条，前卫的

图 2-146　郑周永

造型，在两盏炯炯有神的鹰眼式前照灯烘托下，立刻征服了北美的车迷，惊动了整个世界。

2001年3月21日，韩国现代史上的传奇人物，现代集团的创始人兼名誉会长郑周永病逝，享年86岁。这位尽享哀荣的人被称作"在韩国现代史的每个重要关头都留下足迹的时代巨人"。

3. 现代汽车主要车型

现代汽车公司生产的车型主要有福尼（Pony）、索纳塔（Sonata）、Marcia、捷恩斯、雅尊（Grandeur）、伊兰特（Elantra，见图2-147）、雅坤特（Accent，见图2-148）等。

图2-147　2011款伊兰特汽车

图2-148　现代雅坤特汽车

七、大宇汽车公司

1. 公司概述

（1）公司标志　大宇（Daewoo）汽车公司使用形似地球和正在开放的花朵标志（见图2-149），生产的汽车也使用这个标志作为车标。大宇标志象征高速公路大动脉向未来无限延伸，表现了大宇的未来和发展意志；椭圆代表世界、宇宙；向上绽开的花朵体现了大宇家族的创造力和挑战意识；中部五个蓝色的实体条纹和之间的六条白色条纹，表示大宇在众多领域无限发展的潜力；蓝色代表年轻、活泼；而白色则代表同心协力和牺牲精神。整个标志表现了大宇汽车公司智慧、创造、挑战、牺牲的企业精神，还表现出了大宇集团的儒家风范。

图2-149　大宇汽车公司标志

（2）公司简介　韩国大宇汽车公司是韩国第二大汽车生产企业。1967年，金宇中创建新韩公司，后改为新进公司，1983年改为大宇汽车公司。大宇汽车公司总部设在韩国首尔，主要产品以轿车和货车为主。

然而，由于经营不利，大宇汽车公司于2000年11月8日正式宣布破产。2002年10月28日，通用大宇汽车科技公司（简称通用大宇）在韩国汉城（已于2005年改称"首尔"）正式宣布成立。通用大宇新公司总部位于韩国仁川，旗下拥有并管理三家分别位于韩国的昌原、群山及越南河内的生产厂。此外，位于韩国富平的大宇仁川汽车公司，将为通用大宇提供整车。通用大宇还拥有位于欧洲和波多黎各的九家海外分公司。新公司的资产范围还包括位于韩国富平的汽车设计、工程、研发、销售、市场及行政部门。

汽车文化

2. 创始人金宇中

金宇中（见图2-150），1936年12月19日出生，大宇集团创始人。他出身寒门，少年时家境贫困，为了读书，他早上当报童，中午卖冰茶。每天起早贪黑，不管天气多么恶劣，他都按时把报纸送到客户家里。就这样，他仍刻苦攻读，最终从延世大学商经学院经济系毕业。

1967年，金宇中创立大宇实业公司，金宇中用不到20年时间，把一个不起眼的、以纺织业起家的小公司发展成为世界级的大企业。大宇在商业上不断创造成功纪录，其发展和管理的独创方式成为美国大学MBA必修课程。1987年，美国《财富》杂志将金宇中选入最有魅力的50名企业家。

图2-150　金宇中

1993年，当金宇中提出所谓世界化经营战略时，大宇在海外的企业只有150多家，而到1999年解体时已有了600多家。

> **小资料**
>
> 大宇生产的车型有超级沙龙（Super Salon）、王子（Prince，见图2-151）、贵族（Espero）、蓝天（Cielo）、赛手（Racer）、巧龙（Tico）、旅行家（Nubira）等。
>
>
>
> 图2-151　大宇王子（Prince）汽车

八、起亚汽车公司

起亚的名字，源自汉语，"起"代表崛起，"亚"代表在亚洲，意为崛起于东方或崛起于亚洲，这正反映了起亚的胸襟——崛起于亚洲、走向世界。公司标志如图2-152所示。

起亚汽车集团成立于1944年，是韩国最早的汽车制造商之一，2000年与现代集团合并成立现代-起亚汽车集团。起亚的车系已经覆盖了从轿车到SUV、MPV的各种车型，其中很多车型屡获殊荣。起亚汽车集团拥有完善的乘用车和商用车生产流水线，330万 m² 厂房的牙山湾工厂和79万 m² 的所下里工厂，具有年产100万辆汽车的生产能力，通过分布在180多个国家的销售网络进行销售。

起亚汽车前身名为京城精密工业（Kyungsung Precision Industry），位于首尔永登浦区，在朝鲜战争期间迁移到釜山；1952年3月制造出韩国第一辆自行车，公司更名为起亚工业公司；1961年10月，起亚制造出C-100摩托车，韩国的摩托车工业从此诞生；1962年，小型的厢式三轮货车 K360 也面世；1971 年，起亚服务公司成立，四轮厢式货车 Titan 同年也被推向市场。1973 年，起亚生产出韩国第一台汽油发动机，并于 1974 年 10 月生产出韩国第一部搭载汽油发动机的乘用轿车 Brisa。1976 年，起亚合并了亚细亚车厂，1978 年生产出了韩国的第一台柴油发动机。

图 2-152　起亚汽车公司标志

2000 年，与现代汽车公司一起成立现代-起亚汽车集团，拥有现代汽车、起亚汽车和现代零部件供应商以及 19 个与集团产业有关的核心公司；在市场上，起亚和现代以两个公司的身份独立运行。2004 年，起亚斯洛伐克工厂开工，2006 年又宣布在美国建设生产线。

2002 年，由韩国起亚、东风集团、江苏悦达投资共同投资成立东风悦达起亚汽车有限公司，工厂坐落于江苏盐城，目前已有 3 个现代化工厂投入运营，年产规模可达百万台。

> 小资料
>
> 起亚汽车主要品牌有 K4、K3、K2、锐欧（Rio）、Venga、秀尔（Soul）、速迈、福瑞迪（Forte）、Ceed、K5（Oprius，见图 2-153）、凯尊（Cadenza/K7）、索兰托（Sorento）、狮跑（Sportage，图 2-154）、智跑（SportageR）、霸锐（Borrego）、佳乐（Carens）、威客（VQ）等。
>
> 　
>
> 图 2-153　起亚 K5（Oprius）汽车　　图 2-154　起亚狮跑（Sportage）汽车

 课后练习

一、填空题

1. 丰田喜一郎创造了著名的"_____"，即将整批生产改为弹性生产。
2. _____是日本丰田集团旗下全球著名豪华汽车品牌，早期称为_____。
3. 日产拥有堪称世界一流的技术和研发中心，被汽车行业称为"_____"，车坛有"科技的日产、销售的丰田"的说法。
4. 日本三菱汽车以_____为标志，正为突显其蕴含在雅致的单纯性中的深邃灿烂光华——菱钻式的造车艺术。

5. _____是继亨利·福特后，第二位荣获美国机械工程师学会颁发的荷利奖章的汽车工程师。

二、选择题

1. 车标是一个机械卡钳的品牌是（   ）。

   A. 本田   B. 丰田   C. 讴歌   D. 大宇

2. 秉承"主动安全、主动驾驶"的品牌理念，（   ）作为国际知名汽车品牌，在全球范围内享有广泛盛誉。

   A. 铃木   B. 大发   C. 斯巴鲁   D. 现代

三、判断题

（   ）1. 现代汽车公司的标志是椭圆内有斜字母 H。

（   ）2. 现代集团的创始人金宇中，这位尽享哀荣的人被称作"在韩国现代史的每个重要关头都留下足迹的时代巨人"。

（   ）3. 起亚（Kia）即起亚汽车集团，成立于 1944 年，是韩国最早的汽车制造商之一。

四、简答题

1. 简述日韩车系的汽车公司有哪些。
2. 简述日韩车系各汽车公司的发展简史及其主要汽车产品的构成。
3. 简述日韩车系各不同品牌汽车之间的互相关联性。
4. 简述日韩车系各种汽车车标图案的含义。

任务四　中国车系

 学习目标

1. 熟知属于国产车系的汽车公司有哪些。
2. 了解国产车系各汽车公司的发展简史及其主要汽车产品的构成。
3. 掌握国产车系各种汽车车标图案的含义。

 建议学时

4 学时。

 **相关知识**

扫一扫

中国第一汽车
集团公司介绍

一、中国第一汽车集团公司

中国第一汽车集团公司（原第一汽车制造厂）以下简称"中国一汽"或"一汽"，英文品牌标志为 FAW，FAW 就是第一汽车制造厂的英文缩写。

一汽集团的标志是"第1汽车"中"1汽"两字艺术化的组合,置于隐喻地球的椭圆内,以"1"字为视觉中心,由"汽"字构成展翅的雄鹰在蔚蓝天空的视觉景象,寓意中国一汽鹰击长空,展翅翱翔。整个标志镶嵌在汽车的进气隔栅上,如图2-155所示。

一汽早期生产的解放牌货车,其车标为"解放"两字,周围以冲压的五角星、祥云为衬托,如图2-156所示。在后期生产的红旗轿车上,又采用"红旗"和置于椭圆内的数字"1"的组合图案以及立体的红旗为车标,如图2-157所示。

图2-155　一汽集团标志

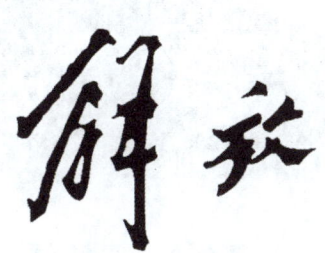

图2-156　解放牌货车车标

图2-157　后期生产的红旗轿车车标

一汽的自有品牌有红旗明仕(见图2-158)、红旗世纪星(见图2-159)、红旗旗舰(见图2-160)等。在解放系列载货汽车和轻、微型客车中,解放CA1091(见图2-161)和解放J6(见图2-162)已经成为拳头产品,畅销不衰。

图2-158　红旗明仕

图2-159　红旗世纪星

除此之外,一汽集团还生产奥迪、高尔夫、捷达、宝来、花冠、威驰、马自达等合资品牌轿车。

红旗H7 PHEV(见图2-163)搭载2.0L直列4缸涡轮增压发动机,最大功率可达到150kW,最大扭矩为280N·m,电动机最大功率为55kW。与发动机匹配的是7速双离合变速器。新车最高车速达到210km/h,百公里加速仅需8.6s。

图 2-160　红旗旗舰

图 2-161　解放 CA1091

图 2-162　解放 J6 重型货车

图 2-163　红旗 H7 新能源汽车

二、东风汽车集团股份有限公司

东风汽车集团股份有限公司（Dongfeng Motor Corporation）是我国特大型国有骨干企业，其前身是 1969 年始建于湖北十堰的"第二汽车制造厂"，1992 年更名为东风汽车集团股份有限公司，它采用圆环内的"双飞燕"为车标（见图 2-164），整个标志镶嵌在汽车的进气格栅上，如图 2-165 所示。

图 2-164　东风汽车公司的"双飞燕"车标

三、上海汽车集团股份有限公司

上海汽车集团股份有限公司（简称上汽集团）是国内 A 股市场最大的汽车上市公司。

图 2-165　镶嵌在汽车的进气格栅上的东风标志

2016 年 7 月 20 日，财富世界 500 强出炉，上汽集团进入财富世界 500 强；2016 年 8 月，上汽集团在 2016 中国企业 500 强中，排名第 11；2017 年 7 月 31 日，《财富》中国 500 强排行榜发布，上汽集团排名第四；2017 年 9 月，上汽集团在 2017 中国企业 500 强中，排名第 9；2018 年 5 月 9 日，"2018 中国品牌价值百强榜"发布，上汽集团位列第 34。

上汽集团的核心企业是上海汽车工业总公司与德国大众汽车公司等合资建立的上海大众汽车有限公司，该公司成立于 1985 年，最初主要生产桑塔纳牌轿车（见图 2-166）。

图 2-166　早期生产的桑塔纳轿车和全新桑塔纳

"十一五"以来，上汽集团打响了建设自主品牌和新能源汽车的攻坚战，自主开发新车型：2006 年 10 月，荣威品牌及其首款产品荣威 750（见图 2-167）亮相，次年 3 月上市；2008 年 6 月，荣威 550 上市，MG 3SW 上市；2010 年 4 月，荣威 350 上市；2011 年 4 月，荣威 W5 上市；2011 年 9 月，MAXUS 大通 V80 上市；2011 年 10 月，荣威新 750Hybrid 混合动力轿车上市；2012 年 4 月，荣威 950 亮相北京车展；2012 年 11 月 5 日，荣威 E50 新能源车上市（见图 2-168）。

四、天津一汽夏利汽车股份有限公司

天津一汽夏利汽车股份有限公司（见图 2-169）是中国第一汽车集团有限公司控股的经济型轿车制造企业，是一家集整车制造、发动机、变速器生产、销售以及科研开发于一体的上市公司。公司的前身是天津市微型汽车厂，1997年改制成为天津汽车夏利股份有限公司，1999年在深圳证券交易所挂牌上市。

图2-167　荣威750

图2-168　荣威E50新能源车

该公司拥有居于国内先进水平生产线，整车质量检测线，汽车发动机铸造及机加工生产线，变速器生产线，计算机工作站，产品开发及检测实验室等，主要生产夏利、威姿、威乐、威志（见图2-170）系列轿车，天内牌系列汽车发动机和天齿牌变速器也是企业的拳头产品。

图2-169　夏利汽车公司标志

图2-170　夏利威志轿车

2018年11月27日，一汽夏利发布公告称，拟向控股股东一汽股份转让其所持一汽丰田15%的股权，作价29.23亿元。

五、中国重型汽车集团有限公司

中国重型汽车集团有限公司（以下简称中国重汽）的前身是济南汽车制造总厂，始建于1956年，总部设在山东济南，是我国重型汽车工业的摇篮。中国重汽曾在1960年生产制造了中国第一辆重型汽车——黄河牌JN150（见图2-171）8t载货汽车，结束了中国不能生产重型汽车的历史；1983年成功引进了奥地利斯太尔重型汽车项目，是国内第一家全面引进国外重型汽车整车制造技术的企业。2007年，中国重汽在香港主板红筹上市，初步搭建起了国际化平台；2009年，成功实现与德国曼公司战略合作，曼公司参股中国重汽（香港）有限公司25%+1股，中国重汽引进曼公司D20、D26、D08三种型号的发动机、中卡、重货车桥及相应整车技术，为企业的长远发展奠定了坚实的基础。

2018年9月，中国重汽在"2018中国企业500强"中排名第182位。

2018年10月，中国重汽登上《福布斯》2018年全球最佳雇主榜单。

中国重汽秉承创新理念坚持一切面向市场，已建立起了HOWO-A7（见图2-172）、HOWO、斯太尔王（见图2-173）、斯太尔、金王子（见图2-174）、豪骏、豪运等十大产品系列，开发并拥有各类车型2700种，形成了国内最完善的货车整车产品系列型谱。目前，中国重汽主要的经营范围涵盖载重及特种汽车、汽车零部件等。

图2-171　黄河牌JN150

图2-172　HOWO-A7

图2-173　斯太尔王

图2-174　金王子

六、北京汽车工业控股有限责任公司

北京汽车工业控股有限责任公司（以下简称北汽控股公司）是国有独资大型企业，包括北汽福田汽车股份有限公司、北京现代汽车有限公司、北京奔驰-戴姆勒·克莱斯勒汽车（见图2-175）有限公司、北京汽车制造厂有限公司；零部件发展核心企业为北京海纳川汽车部件股份有限公司；服务贸易核心企业为北京鹏龙汽车服务贸易有限公司；还拥有北京汽车研究总院有限公司、北京汽车资产经营管理有限公司、北京汽车投资公司和北京汽车工业高级技工学校。

2018年，北汽控股公司成立60周年时，产销量累计超2600万辆。2019年7月10日，《财富》中国500强排行榜发布，北汽控股公司位列第65位。同时北京奔驰-戴姆勒·克莱斯勒汽车有限公司也推出了电动汽车，如B250E（见图2-176）。

图 2-175　北京奔驰-戴姆勒·克莱斯勒汽车

图 2-176　B250E 电动汽车

北汽控股公司实施"北京"牌品牌战略。"北京"牌是北京汽车 1958 年首次使用、1979 年正式注册的著名商标。现在,"北京"牌已经形成集成"北京-福田汽车""北京-北汽汽车""北京现代""北京奔驰-戴姆勒-克莱斯勒"的品牌构架。2018 年,第十五届世界品牌大会暨 2018 年(第十五届)中国 500 最具价值品牌发布会,福田汽车(见图 2-177)以 1328.67 亿排行第 34 位,位居商用车行业第一、汽车行业第四,连续 14 年领跑商用车行业。

七、浙江吉利控股集团有限公司

浙江吉利控股集团始建于 1986 年,经过 20 多年的建设与发展,吉利在汽车、摩托车、汽车发动机、变速器、汽车电子及汽车零部件方面取得了辉煌的业绩。

图 2-177　北汽福田汽车

2014 年北京车展前夕,吉利发布全新品牌战略,取消现有全球鹰、帝豪、英伦品牌,回归一个吉利,并采用全新标志,如图 2-178 所示。

浙江吉利控股集团有限公司是国内汽车行业十强中唯一一家民营轿车生产经营企业,浙江吉利控股集团有限公司现有 30 多个轿车品种,拥有 1.0L(三缸)、1.0L(四缸)、CVVT-JL4G10、1.3L、1.5L、1.6L、1.8L、CVVT-JL4G18 八大系列发动机,拥有 JLS160、JLS160A、JLS110、JLS90、Z110、Z130、Z170 七大系列变速器。上述产品均已通过国家 3C 认证,并达到欧Ⅲ排放标准。吉利拥有上述产品的完全自主知识产权,其生产的汽车有如图 2-179 所示。

图 2-178　吉利汽车公司标志

图 2-179　吉利汽车

浙江吉利控股集团有限公司在临海建立了吉利汽车轿车开发中心和试验中心；在上海建立了新能源、清洁燃料、混合动力、电动汽车及经典车型研发中心，并生产了新能源汽车（见图2-180）；在宁波建立了发动机研究所、变速器研究所；在台州建立了电子电器研究所；吉利未来的"命脉"——吉利中欧汽车技术中心（英文简称CEVT），2013年9月投入运行。在组织架构设计上，位于瑞典哥德堡的CEVT与沃尔沃汽车和吉利汽车并列，同属吉利控股。CEVT涵盖了吉利未来所有的产品开发战略，包括吉利与沃尔沃同平台开发的CMA，用"命脉"形容CEVT之于吉利的重要性绝不为过。

图2-180　吉利新能源汽车

在2012年《财富》世界500强企业上榜的五家中国民企中，浙江吉利控股集团首次入围。吉利以营业收入233.557亿美元（含沃尔沃2011年营收）首次进入500强，在车企中排名第31位，且总排名从2011年的第688位跃升至第475位。而截至2013年，吉利共有慈溪、临海、宁波北仑、上海、湘潭（见图2-181）、济南、成都等9个生产基地，合计60万辆车的产能。2013年4月18日，吉利集团与宝鸡签署战略合作协议，计划在宝鸡新建基地，投资72亿元，年产整车20万辆。"让世界充满吉利"的愿景指日可待。

2018年年末，丰田汽车中国执行副总经理董长征曾透露称，丰田汽车正在通过其中国零部件供应商合作伙伴科力远，与中国最大民营汽车公司吉利汽车合作推广混合动力技术，吉利1元钱购买丰田THS核心技术（见图2-182），也进一步预示着吉利汽车未来或将大量推出搭载丰田混动技术的车型，这也符合吉利此前发布的新能源规划。

图2-181　湖南湘潭吉利汽车生产基地

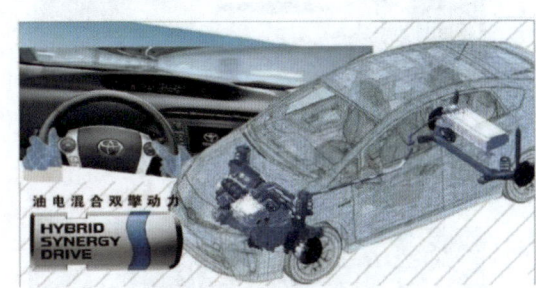

图2-182　丰田THS核心技术

"蓝色吉利行动"战略中，吉利计划到2020年时产销量达到200万辆，且其中90%以上都是新能源汽车的销售。

八、奇瑞汽车股份有限公司

奇瑞汽车股份有限公司（Chery Automobile Co., Ltd.）是一家从事汽车生产的国有控股企业，1997年1月8日注册成立，总部位于安徽省芜湖市，公司产品覆盖乘用车、商用车、微型车等领域。奇瑞汽车作为中国自主品牌曾多次获得销量冠军，成为中国自主品牌中的代表和精品。

公司名称"奇瑞":奇,有"特别"的意思;瑞,有"吉祥如意"的意思,合起来就是特别吉祥如意。"CHERY"(见图2-183)是英文单词 CHEERY(意为"欢呼的、兴高采烈的")减去一个"E"而来,表达了企业努力追求、永不满足现状的理念。

自成立以来,始终坚持自主创新,逐步建立了完整的技术和产品研发体系,并打造了风云(见图2-184)、QQ(见图2-185)、东方之子(见图2-186)、瑞虎(见图2-187)以及艾瑞泽(图2-188)等一系列在国内家喻户晓的知名产品品牌,而且产品出口到海外80余个国家和地区,具备了一定的国际知名度。

图 2-183　奇瑞汽车公司标志

图 2-184　奇瑞风云

图 2-185　奇瑞 QQ 汽车

图 2-186　奇瑞东方之子

图 2-187　奇瑞瑞虎

图 2-188　奇瑞艾瑞泽

2012 年,奇瑞又与捷豹路虎成立合资企业,展开全面合作。这一系列的合资合作作为奇瑞发展战略的重要补充，将对提升奇瑞汽车综合实力和品牌价值，实现企业战略发展目标起到重要的推动作用。

九、华晨汽车集团控股有限公司

华晨汽车集团控股有限公司（见图2-189）是我国汽车工业高起点"自主创新、自有技术、自主品牌"的主力军。

图2-189　华晨汽车集团控股有限公司

目前，华晨集团在辽宁、四川和重庆等地建有八家整车生产企业、四家发动机生产企业和多家零部件生产企业；拥有四家上市公司（华晨中国汽车控股有限公司、上海申华控股股份有限公司、金杯汽车股份有限公司、新晨中国动力控股有限公司），一百六十余家全资、控股和参股公司，在多个"一带一路"沿线国家建立散件组装工厂。现有员工5万余人，资产总额超过1700亿元。

在业务板块布局上，华晨集团以整车、动力总成、核心零部件的研发、生产、销售和汽车售后市场业务为主体，也涉足汽车金融、新能源（风电等可再生资源）等其他产业。集团拥有两大国家认定的企业技术中心、国家认可的实验室以及博士后流动工作站等，具备整车概念设计、造型设计、工程开发和样车试制和试验的全流程正向开发能力以及动力总成等核心汽车零部件的设计、开发能力。企业旗下有"中华"（见图2-190）"金杯"（见图2-191）"华颂"三大自主品牌以及"华晨宝马"（见图2-192）"华晨雷诺"两大合资品牌，产品覆盖乘用车和商用车全领域。

图2-190　中华汽车

图2-191　金杯汽车

除拥有华晨宝马合资品牌外，还打造了中华和金杯等自主品牌。其中，中华轿车在中国中高级自主品牌轿车市场的占有率位居前列，其标志如图2-193；金杯海狮轻型客车产品市场保有量已超过80万辆，独占轻客市场半壁江山，其标志如图2-194所示。

图2-192　华晨宝马汽车

图2-193　中华汽车车标

图2-194　金杯汽车车标

2018年9月，宝马集团新能源汽车（见图2-195）在我国市场销售同比增长近5倍，其中两款国产新能源车型的累计销量首次超越一万辆。2018年10月，在华晨宝马成立15周年之际，宝马集团和华晨汽车集团联合宣布，股东双方将延长华晨宝马的合资协议至2040年；与此同时，宝马集团对华晨宝马的投资将增加30亿欧元，用于未来几年沈阳生产基地的改扩建项目，位于沈阳铁西区的新厂区建成后将使铁西工厂的现有产能翻倍，而大东厂区的改扩建项目也在进行中。未来三到五年内，华晨宝马的年产能将逐渐增加到每年65万台，并将创造5000个新的工作机会。

图2-195　华晨宝马新能源车

十、比亚迪股份有限公司

比亚迪股份有限公司创立于1995年，由20多人的规模起步，2003年成长为全球第二大充电电池生产商，同年组建比亚迪汽车公司。利用"自主知识产权"的响亮名号和对秦川汽车的收购行为，比亚迪在短短一年内，将产品线由原来单一的"福莱尔"微型轿车（见图2-196），迅速扩充为包括A级燃油车、C级燃油轿车、锂离子电动汽车、混合动力汽车在内的全线产品。2017年11月，比亚迪进入"2017年中国创新企业百强榜单"；2018年5月9日，"2018中国品

图2-196　"福莱尔"微型轿车

牌价值百强榜"发布，比亚迪排名第 88 位。

2012 年后，比亚迪陆续推出新产品，包括 S6、G6、速锐等，受到市场的热烈欢迎。比亚迪的新能源汽车率先应用于公交车和出租车（见图 2-197）。比亚迪新能源汽车不仅在中国境内推广，还在国外有所发展，遍布美国、英国、法国、德国、西班牙、丹麦、奥地利、匈牙利、罗马尼亚、波兰、比利时、荷兰、以色列、马来西亚、巴西等地区。由此可以看出，比亚迪生产的新能源轿车（见图 2-198）早已享誉国外市场。

图 2-197　比亚迪新能源公交车和出租车

比亚迪 Logo 在 2007 年已由蓝天白云的旧车标（如图 2-199）换成了只用三个字母和一个椭圆组成的新车标了。

图 2-198　比亚迪新能源轿车

图 2-199　比亚迪旧车标

比亚迪的英文名称是 BYD，比亚迪公司用其企业文化"Build Your Dreams"来诠释，意为"成就梦想"。比亚迪新车标将不再沿用原有的蓝白相间色，图案改为椭圆形状，并加入了光影元素，其新车标如图 2-200 所示。字体的排列、图形的颜色都发生了巨大变化，突出了比亚迪汽车的创新、科技和企业文化精髓，给比亚迪品牌注入了新的内涵和活力。

图 2-200　比亚迪新车标

十一、长城汽车股份有限公司

长城汽车股份有限公司（以下简称"长城汽车"）是全球知名的 SUV、载货汽车制造商，于 2003 年、2011 年分别在香港 H 股和内地 A 股上市，截至 2018 年底资产总计达 1118 亿元。旗下拥有哈弗、WEY、欧拉和长城载货汽车四个品牌，产品涵盖 SUV（见图 2-201）、长城轿车（见图2-202）、风骏载货汽车（见图2-203）三大品类，具备发动机、变速器等核心零部件的自主配套能力，下属控股子公司70余家，员工近8万余人。2018年7月10日，长城汽车与宝马（荷兰）控股公司正式签署了合资经营合同，合资成立光束汽车有限公司。

长城汽车屡获殊荣，两次入选福布斯中国顶尖企业100榜；连续4年蝉联荣列"中国500最具价值品牌"；被评为"最具价值汽车类上市公司""中国汽车上市公司十佳之首""推荐出口品牌""国家汽车整车出口基地企业"。2004年以来，还先后入选"民营上市公司十强""中国企业500强""中国机械500强""中国制造500强""中国工业企业500强""中国汽车工业销售收入30强"等。2010年再次入选"中国汽车工业主营业务收入30强""中国企业500强"。

图 2-201　哈弗 SUV

图 2-202　长城轿车

图 2-203　风骏载货汽车

在国内市场，SUV车型、长城载货汽车已连续多年保持销量领先。而且长城汽车是第一批走出国门的中国汽车企业，1998年即已实现出口，主要出口车型包括SUV和载货汽车，目前已完成60多个国家和地区的市场布局。截至2018年底，长城汽车在其他国家和地区的销售网络数量总计400余家，覆盖俄罗斯、南非、澳大利亚等区域市场，累计实现销售60多万辆。主要品牌有哈弗、长城、WEY（见图2-204）、ORA欧拉（见图2-205）汽车。

图 2-204　WEY

图 2-205　欧拉电动小汽车

与其他国产品牌不一样的是，长城（其车标见图2-206）在出口的"质"上取得了突飞猛进的发展，已由过去"单纯的整车贸易"转为"系统地做俄罗斯市场"，品牌建设、销售和服务网络拓展、技术输出、建立配件中心库、海外建厂等项目全方位展开。海外售后服务已成为发展重点，保有量较大的区域服务半径控制在300km以内。

2018年7月10日，中国长城汽车股份有限公司与宝马（荷兰）控股公司正式签署了合资经营合同，合资成立光束汽车有限公司。

长城旗下的首款纯电动汽车C30EV（见图2-207）正式上市，推出舒适型、豪华型和悦享型共计3款车型。

图2-206　长城车标

图2-207　长城C30EV纯电动汽车

十二、中国长安汽车集团股份有限公司

中国长安汽车集团股份有限公司，原名中国南方工业汽车股份有限公司，成立于2005年12月，2009年7月1日更为现名，是中国兵器装备集团公司对旗下汽车产业进行整合优化后成立的一家特大型企业集团，是中国四大汽车集团之一，总部设在北京。

中国长安汽车集团股份有限公司的经营范围：汽车，摩托车，汽车、摩托车发动机，汽车、摩托车零部件设计、开发、制造、销售；光学产品、电子与光电子产品、夜视器材、信息与通信设备的销售；与上述业务相关的技术开发、技术转让、技术咨询、技术服务；进出口业务；资产并购、资产重组咨询。中国长安及其控股企业在全国拥有重庆、黑龙江、河北、江西、江苏、安徽、浙江、广东等整车生产基地，拥有35个整车（发动机）工厂，并在全球30多个国家建立了营销机构，产品销往70多个国家和地区。2014年，长安系中国品牌汽车产销累计突破1000万辆；2016年，长安汽车年销量突破300万辆；截至2018年7月，长安系中国品牌用户突破1700万辆，领跑中国品牌汽车。

中国长安具有完善的产品谱系，经过多年的发展，中国长安已形成覆盖微型车、轿车、客车、校车、重卡、专用车等多系列、多品种的产品谱系，拥有排量从0.8L到2.5L的发动机平台。其中，长安汽车（见图2-208）、哈飞汽车（见图2-209）、江铃汽车（见图2-210）、江滨活塞、建安车桥、山川减振、湖南天雁

图2-208　长安汽车

（江雁）均荣获"中国驰名商标"称号。此外，公司还拥有青山变速器、东安动力、东安三菱、建安车桥、宁江山川减振器等众多汽车零部件自主品牌。

图 2-209　哈飞汽车

图 2-210　江铃汽车

中国长安始终坚持"以我为主，自主创新"的发展模式，充分利用全球资源，建立了中国重庆、中国上海、中国北京、中国江西、中国黑龙江、意大利都灵、日本横滨、英国诺丁汉、美国底特律"五国多地、各有侧重"的研发格局，长安汽车工程研究院成为全国首批国家级企业技术中心之一，自主创新能力排名行业第一。长安汽车先后推出了长安之星 2 代、长安之星 S460、长安星光 4500、长安奔奔、长安杰勋、长安志翔、长安悦翔、长安 CX20、长安 CX30、长安逸动、长安悦翔 V3、长安 CS35、长安 CS75、长安睿骋等多款自主产品。

中国长安拥有雄厚的生产实力，汽车谱系覆盖乘用车和商用车全部领域，拥有排量从 0.8L 到 2.5L 的系列发动机平台，在海外拥有多个生产基地，汽车产销量多年居中国前四位，还创设了 2000km 无人驾驶的新纪录（见图 2-211）。

中国长安始终坚持"自主创新"与"合资合作"并举，先后携手福特、铃木（长安铃木、昌河铃木）、马自达、沃尔沃、法国标致雪铁龙集团（PSA）等跨国企业，建立了战略合作伙伴关系。旗下生产的蒙迪欧-致胜、福克斯、嘉年华、麦柯斯、马自达 3、马自达 2、沃尔沃 S80L、沃尔沃 S40、羚羊、天语、雨燕、新奥拓等多款产品也深受广大用户喜爱，其车标在原来的基础上也发生了变化，如图 2-212 所示。

图 2-211　长安汽车 2000km 无人驾驶

图 2-212　长安汽车标志

中国长安在新能源领域具有行业领先水平。2007 年，中国第一台氢内燃机在长安成功点火，中国第一辆产业化混合动力轿车杰勋下线；2008年，22辆杰勋混合动力轿车成功服务北京奥运会，长安成为国家新能源汽车（见图2-213和图2-214）"十城千辆"工程首批示范运行企业。中国长安在重度混合动力、PLUG-IN、纯电动等领域均已取得突破性进展。

图2-213　长安新能源客车

图2-214　长安新能源汽车

2018年CCPC赛场上，长安第二代逸动（见图2-215）无惧艰险，征服极限，以2个全场冠军、3个组别综合冠军以及15个组别单项冠军的成绩，一展"质感全优中级车"高能魅力。长安睿骋CC在2018年CCPC赛场的表现同样不凡，凭借2个组别综合冠军、6个组别单项冠军诠释了何为"颜值与实力并存，科技与动感同在"，展现了中国B级车新标杆的优雅风采。

2019年1月8日，2018中国年度性能车型颁奖盛典在北京举行。本届盛典以"造好中国车，共筑中国梦"为主题，表彰为2018年中国汽车工业发展做出卓越贡献的人物，揭晓年度性能表现优异的汽车产品和品牌。凭借2018年CCPC赛场的冠军表现，长安汽车一举夺得4项年度大奖。其中，长安第二代逸动夺得"2018年度制动性金奖"以及"紧凑型轿车组综合性能金奖"，长安睿骋CC斩获"中型轿车组综合性能金奖"，长安汽车工程研究总院院长詹樟松荣膺"汽车技术进步领军人物"。

图2-215　长安逸动

课后练习

一、填空题

1. BYD是_____汽车品牌的标志。
2. CA是_____汽车企业的代号。
3. 中国一汽是中国汽车工业的摇篮，总部位于_____。

二、选择题

1. 属于中国自主品牌的是（　　）。

A. 西亚特　　　　B. 奔驰　　　　C. 红旗　　　　D. 索纳塔

2. 奇瑞牌轿车的生产基地位于（　　）。

A. 中国上海　　　　B. 中国芜湖　　　　C. 美国底特律　　　　D. 德国斯图巴特

3. 中国三大汽车集团是（　　　）。

A. 一汽、二汽、重汽　　　　　　　　B. 一汽、二汽、上汽

C. 一汽、上汽、广汽　　　　　　　　D. 一汽、重汽、上汽

4. 属于华晨汽车合资生产的汽车是（　　　）。

A. 奔驰　　　　　　B. 宝马　　　　　　C. 克莱斯勒　　　　　　D. 罗孚

5. 国内规模最大、品种最多的载货汽车专业厂家是（　　　）。

A. 长城汽车股份有限公司　　　　　　B. 北京吉普汽车有限公司

C. 中国扬子集团　　　　　　　　　　D. 上汽通用五菱汽车有限公司

三、简答题

1. 国产车系主要有哪几个汽车公司？
2. 中国长安汽车集团股份有限公司旗下的自主品牌主要有哪些？

项目三 汽车主题文化

任务一 汽车赛事

学习目标

1. 了解赛车运动的魅力。
2. 熟知世界上著名的汽车赛事。
3. 熟知不同时期世界上杰出的赛车手以及他们对赛车运动做出的贡献。

建议学时

1学时。

相关知识

一、著名汽车赛事

赛车运动是当今世界上最激烈、最惊险、最刺激、最昂贵的体育运动之一。

汽车大赛主要是速度比赛，极具危险性，比赛中随时都可能发生翻车、撞车，甚至车毁人亡的悲剧。尽管如此，为什么汽车比赛还能够长盛不衰，具有这样大的吸引力呢？主要原因有：

（1）汽车大赛有助于改善汽车性能　在汽车大赛中，为赢得比赛冠军，各大汽车公司纷纷集中优秀的科技人才，并投入巨资研发赛车。汽车正常使用几年之后才会出现的问题，赛车可能在短短的几小时的比赛中就会暴露出来，许多新技术在这种考验下被不断完善。因此，人们常把赛车场比喻成"强化的道路试验田"。

（2）赛车运动引领汽车技术潮流　在汽车大赛中推出的每一部新型赛车，几乎都代表着一家汽车公司，甚至一个国家在汽车方面的最新技术水平。

（3）赛车运动是最佳的广告　一场汽车比赛，尤其是国际性、高水平的大赛，能够吸引数以万计的现场观众及电视观众。例每年的16场F1大赛能够吸引300多万名现场观众和超过15亿人次电视观众。

(4) **赛车运动推进了汽车大众化进程** 每年,除了职业性汽车比赛,世界各地的汽车爱好者们还自发组织一些小型汽车比赛,许多地方性的汽车俱乐部组织的比赛也招来了大量的参赛者和现场群众,汽车比赛掀起了一阵阵的汽车热,传播了汽车文化,扩大了汽车爱好者队伍,培育了潜在的汽车制造、使用、维修方面的人才,开拓了汽车市场。

(5) **赛车运动是人车一体的综合较量** 赛车运动不仅是车手个人技艺、意志和胆量的竞争,而且是汽车设计、产品质量的全面角逐,这种独具特色的运动,更能体现出人类精英与高科技最完美的结合。

目前的汽车比赛可以划分为三大类:第一类是由FIA组织举办的,主要有Fl(世界一级方程式锦标赛)、WRC(世界汽车拉力锦标赛)、FIA-GT(世界汽车耐力赛)、FIA WTCC(世界房车锦标赛)这四大赛事;第二类是由机构举办并获得FIA批准的汽车比赛,比较有影响的赛事有A1大奖赛、巴黎-达喀尔拉力赛、勒芒24小时汽车赛、直线竞速锦标赛、卡丁车赛等;第三类是由民间组织举办的汽车比赛。

FIA四大赛事

(1) **世界一级方程式锦标赛(Fl)** 世界一级方程式锦标赛的英文正式名称为"FIA Formula 1 World Championship",其中,"Formula"是规则与限制的意思,1代表是方程式比赛中级别最高的。

F1(见图3-1)是当今世界最高水平的汽车比赛,它与奥运会、世界杯足球赛并称为"世界三大赛"。

世界一级方程式锦标赛(F1)介绍

图3-1 Fl大赛赛道角逐

1)赛事安排。目前,Fl共有11支参赛车队,每场比赛最多只有22位车手上场,每年规划有16站比赛,通常在3月中开赛,10月底结束。具体比赛地点和时间安排都由国际汽车联合会确定。

2)赛车。1950年,国际赛车运动联合会出于安全和汽车技术发展的需要,颁布了赛车规则,对汽车自重、车款、车厂、发动机功率、发动机排量等技术特性都做了一系列规定,使赛车运动更趋于公平,于是便有了"方程式"的概念。目前,方程式汽车赛有三个级别:三级方程式(F3):发动机排量2L,功率不大于125kW;二级方程式(F2):发动机排量3L,功率不大于350kW;一级方程式(F1):发动机排量3L,功率475~515kW。

3)车手。参加比赛的车队和车手必须持有FIA认可的执照,全世界拥有这种执照者每年不足100人。每一名车手在晋级Fl大赛前,都必须经过多层选拔,如小型赛车、三级方程式赛等,历尽千难万险,才能获得由FIA颁发的"世界超级汽车驾驶人驾驶执照",即获得 F1 大赛的驾车资格。每个车队要有两辆车参加比赛，并指定赛车手代表车队驾车出赛。

(2) 世界汽车拉力锦标赛（WRC） 世界汽车拉力锦标赛（World Rally Championship）始于 1973 年。这项赛事将各国单独举办的汽车拉力赛冠以世界锦标赛的头衔，是 FIA 四大赛事之一。

世界拉力锦标赛（WRC）介绍

拉力赛的赛段为各种临时封闭后的普通道路，包括山区和丘陵的盘山公路、沙石路、泥泞路、冰雪路等，也有无法封闭的沙漠、戈壁、草原等地段。复杂的地形和漫长的赛程不仅考验车手的车技和经验，还考验领航员的配合、车辆的性能以及维修的能力，被誉为世界上最残酷的汽车拉力赛。

1）赛事安排。为争夺系列赛冠军宝座，WRC 每年在世界各地举行 14～16 站比赛，每一分站通常比赛 3 天，在事先设定的赛道上划出了 20～30 处特殊赛段（Special Stage），每个赛段最短 3km，最长可达 30km。在各赛段上，每隔 2～3min 会有一辆赛车出发投入比赛，总成绩为车手在各赛段的累计用时，用时最少，排名最前。

2）赛车。参赛车辆必须为各大汽车厂家年产量超过 2500 辆的原型轿车，同时对于赛车改装后的体量、重量以及排量、功率等都有严格限制。

赛车分为原厂组（Group N）和改装组（Group A）两大组别，A 组与 N 组又依排量不同各分为 4 个小组（见表 3-1）。每站比赛中，每组最少要有 5 辆赛车参赛。

表 3-1　世界汽车拉力锦标赛赛车分组

组别	赛车发动机排量			
原厂组	N4	N3	N2	N1
	2000mL 以上	1601～2000mL	1401～1600mL	1400mL 以下
改装组	A8	A7	A6	A5
	2000mL 以上	1601～2000mL	1401～1600mL	1400mL 以下

3）比赛规则。WRC 赛车上，除了车手还有一名领航员，领航员通过阅读记录赛段路况的笔记来帮助车手快速通过障碍。车手在领航员的配合下，任凭大雾弥漫或风雪交加，都会以超出人们想象的速度驶过每一处弯道，在完全看不见竞争对手的情况下（因出发时间错开）进行比赛（见图 3-2），以最短时间完成比赛的车手将赢得胜利。而在比赛之外的行驶路段，赛车与普通民用车一样，需要遵守各项交通法规。

图 3-2　世界汽车拉力锦标赛比赛现场

在每个比赛分站取前 8 名，分别获得 10、8、6、5、4、3、2、1 的积分，车手所得积分可成为车手本身和车队的年度积分，全年总积分最高的一组车手和领航员成为当年的世界冠军。

(3) 世界汽车耐力赛（FIA-GT） FLA-GT 的赛事从 1997 年开始正式开赛，是 FIA 组织举办的另一项重要赛事。

1）赛车（见图 3-3）。参赛车必须以量产车为基础制作而成，车重约 1100kg，最大功率为 450~600hp（1hp=735.499W），雨胎必须有超过 25% 的面积为排水槽。赛车不必加装催化转换器，也不限定噪声。为了增加赛事的观赏性，比赛设置了获胜车手加重制度。

图 3-3 FIA-GT 赛车

2）车手。GT 的参赛车手，必须持有 FIA 发给的 C 级以上赛车执照，通常都是比较有经验而且年龄较大些的人，其中更不乏前 F1 车手或其他赛事转战的车手。

3）比赛规则。FIA-GT 每场比赛赛程以 500km 或 3 小时为度，比赛采取动态起跑规则。每部车有 2~3 名车手，每位车手最多只能持续驾驶赛程距离的 55%。每一站取车队参赛车成绩最佳的前两部车累积车队积分。

(4) 世界房车锦标赛（FIA WTCC） 世界房车锦标赛（World Touring Car Championship）是 FIA 于 2005 年新推出的一项全球性汽车赛事（见图 3-4），它的前身为 ETCC（Europe Touring Car Championship）欧洲房车锦标赛。自 2002 年起，赛程安排为每年 10 个分站，除了延续 ETCC 原有的欧洲分站以外，还增加了中美洲的墨西哥、欧亚交界的土耳其以及亚洲中国澳门的三站比赛。其中，中国澳门被指定为全年的收官之战。

图 3-4 世界房车锦标赛现场

1）赛车。参赛车辆必须以量产房车为基础，发动机排量不能超过 2000mL，采用自然吸气方式，功率为 250~270hp（1hp=745.700W）。

2）比赛规则。每站比赛分两回合（每回合 8 圈）进行，并颁发冠军车手和冠军车厂两个奖项。每站成绩计前 8 名，第 1～8 名的得分分别为 10、8、6、5、4、3、2、1 分。

二、其他著名汽车赛事

1. A1 大奖赛

A1 大奖赛（A1 Grand Prix）是经过 FIA 批准的一项国际性的大型汽车赛事。A1 大奖赛是首次以国家为参赛单位的一项赛车运动，因此 A1 赛事带有浓厚的国家概念，享有"赛车运动世界杯"的美誉。A1 大奖赛于每年 9 月至次年 3 月为一个赛季，每年举办 14 场左右的分站比赛，举办时间基本与 F1 错开。

与 F1 赛车相比，A1 赛车（见图 3-5）的规格型号全部统一。A1 赛车由 A1 大奖赛发起人——阿联酋王室成员马克托姆出资设计，由英国罗拉赛车公司负责制造底盘，搭载 Zytek 发动机，并由组委会统一组织运输。因此，A1 赛事变得更加公平，同时也更加考验车队技术人员对赛车的调校水平以及车手驾驭赛车的能力。根据 A1 大赛参赛规定，各参赛国只准组建一个车队代表该国参赛，每支车队只允许一辆赛车参赛，赞助商必须是本国品牌，车手必须拥有该国国籍。

图 3-5　A1 赛车

A1 大奖赛一站比赛为期 3 天，星期五为练习赛，星期六进行排位赛，备用车也可以参加排位赛。星期日进行一次 15～20min 的短程赛，也被称为冲刺赛，之后进行 1h 左右的正赛。

2. 巴黎—达喀尔拉力赛

巴黎—达喀尔拉力赛（法语名称为 Le Dakar）是世界上行程最长的拉力赛。虽然名称为拉力赛，但事实上是一个远离公路的耐力赛。比赛经过的地形比普通拉力赛的比赛地形要复杂且艰难得多，参赛车辆也都是真正的越野车。大部分赛段都远离公路，需要穿过泥浆、草丛、岩石和沙漠等路段。每天行进路程为几公里到几百公里不等。

比赛从法国巴黎出发，乘船渡过地中海，在利比亚登陆，然后穿越撒哈拉沙漠、非洲草原和热带雨林，最后抵达塞内加尔首都达喀尔，行程 13 000 多 km，历时近 20 天。

该赛事为多车种的比赛，分为摩托车组、小型汽车组（包括轿车和越野车）以及货车组（见图 3-6）。赛车号码依次以 1、2、3 开头，如 105，表示摩托车组的第 5 号赛车；208 表示小型车组的第 8 号；312 表示货车组的第 12 辆赛车，而工作车则以 4 为开头数字。

a) 摩托车在参赛

b) 小型汽车在参赛

c) 货车在参赛

d) 获奖庆贺

图 3-6　巴黎—达喀尔拉力赛

3. 勒芒 24 小时汽车耐力赛

勒芒 24 小时耐力赛（法语名称为 24 Heures Du Mans，见图 3-7）是在位于巴黎西南 200km 的小城勒芒举行的重大赛事，其影响力仅次于 F1，与 F1、WRC 并称为世界最著名和最艰苦的三大汽车赛事。

图 3-7　勒芒 24 小时耐力赛

勒芒赛事对汽车的性能和车手的耐力都是极大的考验，而且比赛的危险性也很高。赛道是将当地的高速公路和街区公路封闭而成的一个环行路线，是单圈长度为 13.5km 的沥青和水泥路面。比赛一般从第一天的下午 4 点开始，持续进行 24 小时。每部赛车由 3 名赛手轮流驾驶，以最高将近 400km/h 的时速连续奔跑，换人不换车，所有的加油、换胎和维修时间都包括在 24 小时以内。最后，行驶里程最多的赛车获得冠军。

4. 直线竞速锦标赛（NHRA）

这是汽车场地比赛项目之一（见图3-8）。比赛按不同车型及发动机排量分为 12～14 个级别，在两条长 1500m、宽 15m 的并列直线柏油跑道上进行，实际比赛距离为 1/4mile[⊖] 或 1/8mile。

图 3-8　直线竞速比赛

比赛时每两辆车为 1 组，实行淘汰制，分多轮进行，直至决出冠军。比赛采用定点发车方法，通过电子仪器测量从发车线到终点线的行驶时间评定成绩。比赛使用特别设计制造的活塞式或喷气式专用赛车，以汽油、甲醇或煤油为燃料，车重 500～1000kg。

5. 卡丁车赛

卡丁车（见图3-9）是方程式赛车的最初级形式，始于 1940 年。由于许多著名的 F1 赛车手都是从卡丁车起步的，因此卡丁车被视为 F1 的摇篮。卡丁车赛（Karting）属于汽车场地比赛的一种，分方程式卡丁车以及国际 A、B、C、E 级和普及级六类，共 12 个级别。

赛车使用轻钢管结构，无车体外壳，装配 100mL、125mL 或 250mL 汽油发动机的四轮单座位微型赛车，重心低，在曲折的环形路线上行驶，速度感强。

图 3-9　卡丁车赛

三、赛场风云人物

在数十年的 F1 赛场上，产生过许多优秀车手，他们依靠自己的技术、意志以及人车合一的高度配合，夺得了一次次比赛的胜利，创造了一个个传奇。

⊖　1mile = 1609.344m。

1. 传奇车手胡安·曼纽尔·范吉奥（Juan-manuel Fangio）

阿根廷车手范吉奥（1911—1995，见图 3-10），在 1950 年至 1958 年的 8 年间，除 1952 年因伤缺赛外，在所参加的 51 次大赛中，获得过 29 次排头位出赛的机会，24 次获胜，赢得了 5 届年度世界冠军和 2 次亚军。范吉奥是整个 20 世纪 50 年代的传奇性人物，直到他 1995 年去世时，获得 5 个世界冠军的纪录还没有人能够打破。在 20 世纪的最后一年，他被授予了"20 世纪最杰出运动员"的称号。

图 3-10　传奇车手范吉奥

人们称呼范吉奥为传奇车手。一是因为他于 38 岁才参加一级方程式比赛，否则，不知道还将有多么大的成就在等着他呢！二是因为他先后驾驶阿尔法·罗密欧、奔驰、法拉利、玛莎拉蒂获得过世界冠军，淡化了赛车的因素，被人称为"艺术大师"。三是因为他最后一次夺得世界冠军是 1957 年，而在 1958 年，他因感觉自己已经不处于最佳状态而突然宣布退役，极其明智。

2. 教授车手阿兰·普罗斯特（Alain Prost）

法国车手普罗斯特出生于 1955 年 2 月 24 日，曾获得四次 F1 世界冠军，是法国最伟大的 F1 车手（见图 3-11）。从 1987—2001 年间，他一直保持着 F1 赛事分站冠军的纪录，直到 2001 年的比利时大奖赛，普罗斯特 51 个分站冠军的纪录才被迈克尔·舒巴赫打破。1993 年赛季末，获得了第四次一级方程式世界冠军后，普罗斯特宣布退休。

普罗斯特一直保持着平稳、轻松的赛车风格，被人们赞誉为"教授"，他用那具有智慧的驾驶方式去竞赛，并根据不同的比赛条件熟练地调校他的赛车。

3. 一代车神埃尔顿·塞纳（Ayrton Senna）

出生于 1960 年 3 月的巴西车手塞纳（见图 3-12）是一颗耀眼的赛车巨星。他不仅在晴天比赛时是一名优秀车手，即使是在乌云翻滚、暴雨倾盆的恶劣条件下，也能以超人的胆量和娴熟的技术在赛道上奋勇争先。在塞纳的职业车手生涯中，不乏雨中夺魁的出色纪录，他的第一次 F1 冠军就是在雨中创造的，因而有"雨中塞纳"的美称。

塞纳在其职业生涯中共出赛 161 次，65 次首发，41 次称雄分站赛，三获世界冠军。但好景不长，1994 年 5 月 1 日，当他代表威廉姆斯车队出战圣马力诺大奖赛时，却魂断赛场。

图 3-11 普罗斯特

图 3-12 一代车神埃尔顿·塞纳

塞纳可以称之为 F1 史上的传奇人物，他的去世让 FIA 真正开始重视车手的安全问题。之后出台的安全规则与防护措施，让塞纳成为 F1 史上最后一位丧生在赛道上的车手。

4. 纪录王迈克尔·舒马赫（Michael Schumacher）

迈克尔·舒马赫（见图 3-13）于 1969 年 1 月 3 日出生于德国许尔特，一级方程式赛车车手，现代最伟大的 F1 车手之一，在他头 16 年的职业生涯中，几乎刷新了每一项纪录。总共赢得 7 次总冠军，也曾是唯一赢得总冠军的德国车手（该纪录后被德国车手塞巴斯蒂安·维特尔于 2010 年刷新）。

2006 年，舒马赫宣布退役。2010 年年初，舒马赫正式宣布复出，加盟前身为布朗车队的梅塞德斯车队。2013 年 12 月 29 日，舒马赫在法国阿尔卑斯山区滑雪时发生事故，头部撞到岩石，严重受创。2018 年，因伤陷入昏迷近 5 年的车王舒马赫苏醒，不必再依赖呼吸机。

图 3-13 F1 纪录王迈克尔·舒马赫

课后练习

一、填空题

1. 奥运会、世界杯足球赛和_____并称为"世界三大赛"。
2. 世界汽车拉力锦标赛的参赛车辆必须为各大汽车厂家年产量超过_____的原型轿车，同时对于赛车改装后的体量、重量以及排量、功率等都有严格限制。
3. 世界汽车耐力赛参赛车必须以_____为基础制作而成，车重约 1100kg，最大功率为 450～600hp，雨胎必须有超过 25% 的面积为排水槽。
4. 世界房车锦标赛是欧洲房车锦标赛的延续和提升，赛程安排为每年 10 个分站，_____站被指定为全年的收官之战。
5. A1 汽车大奖赛于_____为一个赛季，每年举办 14 场左右的分站比赛，举办时间基本与 F1 错开。

二、简答题

1. 赛车运动为什么会受大众的欢迎？
2. "方程式"的概念是指什么？有哪些级别？
3. 世界汽车拉力锦标赛的场地有哪些要求？

任务二　汽车展览会

 学习目标

1. 说出汽车展览会是什么，有什么特点。
2. 了解国际上知名汽车展览的举办时间与特点。
3. 了解我国知名的汽车展览有哪些，并能说出它们各自的特点。

 建议学时

4 学时。

 相关知识

一、汽车车展概述

汽车展览（Motor show；Auto show）通常集合各国汽车制造公司的新型汽车在专业展馆或会场中心展示展销。消费者可经由汽车展览会所展示的汽车或汽车相关产品，感受汽车制造工业的发展动向与时代脉动。目前，除了较具规模的五大汽车展览外，区域性汽车展览也很多。

1. 国际性质的汽车展览会

经由"世界汽车工业国际协会"认定及被国际社会普遍认可的法兰克福、东京、底特律、日内瓦、巴黎等汽车展览会，皆具有历史性与各自的特色。历届汽车展览会展示的概念车型，不仅显示了未来汽车的发展趋势与导向，更将汽车制造工业最先进的技术与最前卫的设计展现得淋漓尽致。

2. 区域性质的汽车展览会

很多汽车展举办方自行在汽车展览名称上冠以"国际"（International）二字，但尚未得到国际社会的普遍认可，故仍属于地区性质，如：新加坡汽车展；韩国釜山汽车展；中国台湾地区的台北汽车展、台中汽车展和高雄汽车展；美国的纽约汽车展、洛杉矶汽车展、旧金山汽车展、圣地亚哥汽车展和芝加哥汽车展；中国内地的北京汽车展、上海汽车展、杭州汽车展、东莞汽车展、青岛汽车展、长春汽车展和广州汽车展等。

二、国际汽车展览简介

1. 北美汽车展览会

北美国际汽车展（North American International Auto Show）于每年1月办展，其前身是原美国底特律国际汽车展览会，迄今已经有近百年的历史，是美国创办历史最久的汽车车展之一，由底特律汽车经销商协会主办。

1900年11月，美国汽车俱乐部在纽约举办了第一届世界汽车展览会，1907年转迁到底特律汽车城。1957年，欧洲汽车厂终于远渡重洋而来，车展上首次出现了沃尔沃、奔驰、保时捷的身影，北美汽车展此后每年总能出现四五十辆新车，获得了美国民众的高度重视。

许多人被吸引到汽车展的原因，除了对汽车的兴趣外，还因为汽车展办得像个盛大的假日集会。

如今的北美汽车展已不仅仅是首发新车的云集地，更成为各大汽车厂商借以展示新技术和新概念的舞台。尤为值得关注的是，广汽集团也参加了2013年度的北美汽车展，并推出了三款新车，成为唯一参展的中国厂家。图3-14所示为2013年北美汽车展广汽集团展位。

图3-14　2013年北美汽车展广汽集团展位

2. 巴黎汽车展览会

巴黎汽车展（Paris Motor Show）起源于1898年的国际汽车沙龙会，直至1976年都是每年一届，此后每两年一届，9月底至10月初举行，展馆是巴黎展览中心。巴黎车展始终围绕着"新"字做文章，与此同时，概念车多也是巴黎车展的一大特点，各款新奇的概念车型常常令观众有强烈的新奇感和时尚感。

巴黎车展囊括了整个汽车产业链。不像其他车展以私家车为主，巴黎车展设有商用车及专用车展厅（见图3-15和图3-16）、汽车电子产品及其他配件专区、运动和竞技汽车区、新能源和服务商（汽车金融、保险、租赁等）专区、二手车展区、汽车发展史专区及免费活动专区。每个专区的内容都很精彩，而二手车展示则是巴黎车展的传统项目。车展上的展车是不能够直接购买的，但是在二手车专区，观众可以随意挑选自己喜欢的汽车，并且可以当场开回家。

图3-15　2016奥迪全新S5 Coupe

图3-16　2016雷诺科雷傲SUV

3. 日内瓦汽车展览会

日内瓦汽车展（Geneva International Motor Show）创办于1924年，从1931年起，每年举办一次，在第二次世界大战期间停办7年，在位于日内瓦机场附近的巴莱斯堡国际展览中心举行。日内瓦汽车展素有"国际汽车潮流风向标"之称，是欧洲唯一每年举办的汽车展。其展会多在每年3月举行，以展示豪华车及高性能改装车为主，展品比较个性化（见图3-17至图3-20）。在五大国际汽车展中，瑞士是唯一没有汽车工业的国家，但却承办了世界上最知名的汽车展之一。

图3-17　2008年日内瓦汽车展宣传海报

图3-18　2013法拉利新一代旗舰超级跑车F150

图3-19　2013迈凯伦P1超级跑车量产版

图3-20　2013劳斯莱斯Wraith量产版

4. 法兰克福汽车展览会

法兰克福汽车展（Internationale Automobil-Ausstellung，IAA）的前身为柏林汽车展，创办于1897年，1951年移到法兰克福举办。该汽车展是世界上规模最大的汽车展之一，有"汽车奥运会"之称，每两年举办一次，一般安排在9月中旬展出，为期两周左右，轿车和商用车轮流展出。参展的商家主要来自欧洲、美国和日本，尤其以欧洲汽车商居多。

这个车展的地域色彩很强，可能因为举办地是名车发源地，且靠近各大车商总部，来法兰克福车展的欧洲老百姓不但拖家带口、人山人海，而且消费心理非常成熟，汽车知识了解得很全面。车展上，各种品牌新车很多（见图3-21和图3-22），参观者挑选车型重视的是科技状态的发展、汽配零部件质量，甚至是维修问题、售后市场产品，理性、实用的考虑因素居多。

图 3-21　2007 标致 Cross 4007　　　图 3-22　2011 路虎 DC100

5. 东京汽车展览会

第一次东京国际汽车展始于 1954 年。它的历史在国际五大车展中是最短的，作为亚洲最大的国际车展，被誉为"亚洲汽车风向标"。车展在日本东京千叶县举行，从 2007 年起，轿车、商用车、摩托车和相关零件合并展览，两年举办一次，一般安排在 10 月底（见图 3-23）。与其他国际著名车展相比，东京车展具有鲜明的特点——日本产的各种小型汽车历来是车展的主角。同时，各种各样的汽车电子设备和技术也是展会的一大亮点。

东京车展的特点之一是车型极其多，多得让人无法记住，什么稀奇古怪的车型都有，但又不是概念车，而且以小车型居多。不仅如此，日本的汽车生产商还会以性别、年龄层次等来设计不同的车型。而且有趣的是，东京车展中的很多车在日本以外的市场都不出售。

图 3-23　2009 年东京汽车展宣传画

三、国内汽车展览简介

1. 北京汽车展览会

创办于 1990 年的北京国际汽车展览会（Auto China），每两年一次定期在北京举办。北京国际汽车展览会自创办以来，规模不断扩大，展会功能也由过去单纯的产品展示，发展到今天成为企业发展战略发布、全方位形象展示的窗口和品牌推广宣传舞台。北京汽车展已成为目前在国际上具有较高知名度的品牌展览会，对我国汽车工业的发展，自主汽车品牌的推广，发挥了重要的作用。

2018 年 5 月 4 日，2018（第十五届）北京国际汽车展览会（见图 3-24）在北京中国国际展览中心落下大幕，展会取得了圆满成功。本届北京车展的总展出面积达到 22 万 m^2，共吸引了来自全球 14 个国家和地区的 1200 多家参展商。展会共展示车辆 1022 辆、全球首发车 105 辆（其中跨

图 3-24　2018（第十五届）北京国际汽车展览会现场

国公司全球首发车 16 辆，跨国公司亚洲首发车 30 辆）、概念车 64 辆、新能源车 174 辆（其中中国车企新能源车 124 辆），新老两个展区共吸引观众 82 万人次，在展出品牌和展车数量、展车品质、观众人数等关键性指标上继续保持全球车展领先水平。

2. 上海汽车展览会

上海汽车展创办于 1985 年，是中国最早的专业国际汽车展览会；逢单数年举办，目前已经成功举办了 18 届。2004 年 6 月，上海国际汽车展顺利通过了国际博览联盟（UFI）的认证，成为中国第一个被 UFI 认可的汽车展会（见图 3-25 至图 3-27）。

图 3-25　2005 雪佛兰 Aveo 厢轿车

图 3-26　2011 奥迪 A1

2015 年，第十六届上海国际汽车工业展览会（见图 3-28）移师全新落成的国家会展中心（上海），再次创造新纪录，展出面积突破 350000m^2，国内外汽车巨头共同参与，吸引了来自 18 个国家和地区的近 1500 家参展商，展会期间接待了来自 74 个国家和地区 928000 人次观众和 10000 多名国内外记者，规模已跃居世界顶级车展之列，成为上海的一张名片。

图 3-27　2011 阿斯顿·马丁 One-77

图 3-28　第十六届上海车展现场

上海国际汽车展经过三十多年的发展壮大，已成长为全球最具影响力的国际大展之一，还是中外汽车产业广泛交流与合作的重要展示平台和引导汽车消费、引领产业发展的重要载体。

3. 广州汽车展览会

中国（广州）国际汽车展览会创办于 2003 年，经过几年的发展，已成为中国大型国际汽车展之一（见图 3-29 和图 3-30）。

2018 年的第十六届广州国际汽车展览会历时十天。展会共吸引到观众 69 万人次，共展出车辆 1085 台；全球首发车 48 台，其中跨国公司首发车 6 台；概念车 28 台，其中国际品牌展出 15 台，国内品牌展出 13 台；国内外参展车企共展出新能源汽车 150 台，其中国外企业展车44台。媒体日当天共举行了84场新闻发布会，2473家海内外媒体的9971名记者参与报道了展会盛况，其中包括来自27个国家和地区的156家媒体的471名海外媒体记者。

图3-29　2008雷克萨斯CS450H

图3-30　2008丰田Hi-CT

 课后练习

一、填空题

1. 1900年11月，美国汽车俱乐部在_____举办了第一届世界汽车博览会。

2. 广汽集团参加了_____的北美汽车展，并推出了三款新车，成为唯一参展的中国厂家。

3. 1976年后巴黎汽车展每_____年一届，9月底至10月初举行。

4. 日内瓦汽车展创办于1924年，从1931年起，_____举办一次，有"国际汽车潮流风向标"之称，是欧洲唯一每年举办的汽车展。

5. 法兰克福汽车展是世界上规模最大的汽车展之一，有"汽车奥运会"之称，每两年举办一次，一般安排在_____中旬展出，为期两周左右，轿车和商用车轮换展出。

6. 北京汽车展览会创办于_____年，每两年定期在北京举办。

7. 2004年6月，上海国际汽车展顺利通过了_____的认证，成为中国第一个被UFI认可的汽车展会。

8. 中国（广州）国际汽车展览会创办于_____年。

二、简答题

1. 什么是汽车展览会？它有什么特点？
2. 现今国际社会公认的国际汽车展览有哪些？

任务三　汽车俱乐部

 学习目标

1. 了解汽车俱乐部的起源。
2. 熟知世界各国著名的汽车俱乐部名称及业务范围。

1 学时。

一、汽车俱乐部的起源

追溯汽车俱乐部的历史，应回到 1902 年的美国，当时全美只拥有 2000 部汽车，这些汽车拥有者组成一个类似"沙龙"的组织，这也是俱乐部发展的雏形。俱乐部最初建立时是以汽车救援为主，且会员们多在酒吧聚会活动。之后，这种俱乐部开始在一些国家发展起来，如 1905 年新加坡成立了汽车俱乐部，1969 年澳大利亚也成立了汽车俱乐部。

"汽车俱乐部"国际上统称 AA 会，即 Automobile Association，直译为汽车协会。

当今国际上有两大汽车俱乐部组织——国际汽车运动联盟（FIA）和国际汽车旅游联盟（AIT）。

国际汽车运动联盟（见图 3-31）是以组织汽车运动赛事为主的组织，总部设在法国巴黎，世界上各大汽车运动赛事均由其主办，如拉力赛、一级方程式汽车赛等。世界各国以汽车运动为经营方向的大型汽车俱乐部都是这个联盟的成员，我国特纳多汽车俱乐部和蜂鸟越野车俱乐部也是该联盟成员。

国际汽车旅游联盟（见图 3-32）是普通驾车人的组织，1898 年成立于瑞士，发展至今已有百余年历史。目前，该联盟拥有 138 个成员方，2 亿多名在册会员。国际汽车旅游联盟的成员为世界各国的汽车俱乐部，汽车俱乐部的主要职能是为其会员提供各类应急性和便利性的服务，如旅游、文化、救援、金融、购物、优惠、服务等，现在国际汽车旅游联盟的服务内容已经几乎涵盖了驾车人生活的方方面面。1998 年年初，我国的汽车俱乐部被该组织接纳为会员。

图 3-31 国际汽车运动联盟

图 3-32 国际汽车旅游联盟

二、各国汽车俱乐部

1. 美国汽车协会（American Automobile Association，AAA）

1902 年 3 月，9 个汽车俱乐部在芝加哥召开会议，宣布成立美国汽车协会。协会的目的是改善汽车的可靠性，争取建设更好的公路，并敦促国会通过统一的交通法。

100 多年来，AAA（见图 3-33）服务范围和种类不断扩大，目前有以下几项主要服务：出行服务、会员服务、预订服务、金融服务、保险服务，而汽车救援服务作为主要服务嵌入到上述各项特色服务之中。

2. 全德汽车俱乐部（Allgemeiner Deutscher Automobil-Club e. V.，ADAC）

ADAC（见图 3-34）成立于 1903 年，是一家企业化运作、非营利性、混合型的组织，拥有保险、空中救援、旅游、通信、汽车金融、汽车运动等领域的经营性公司 18 个，然而最基本的汽车救援等服务是以会员制方式提供的，收取少量年费，服务时不收费或收费低。

图 3-33　美国汽车协会

图 3-34　ADAC 100 周年纪念邮票

ADAC 也是 AIT 与 FIA 的双重会员。ADAC 在德国各地共设有 18 个地区性汽车俱乐部，在海外，包括美国、加拿大以及欧洲各国，拥有 16 个海外会员救援呼叫中心，配备以德语为母语的工作人员，为会员提供各种（包括医疗在内）救助。

3. 日本汽车联合会（Japan Automobile Federation，JAF）

JAF（见图 3-35）成立于 1962 年，现有会员 1720 万，基本会费为每年 2000 日元。

日本汽车联合会也公开称自己为公众组织，他们的宗旨是：为增强驾车人的安全与提高安全意识服务，努力改善驾驶安全和公共交通环境与秩序。这样的宗旨还体现在他们提出的三原则之中，即：面向服务的原则；面向挑战的原则；开放的原则。

4. 澳大利亚汽车协会（The Australian Automobile Association，AAA）

AAA（见图 3-36）成立于 1924 年，由 8 个州和地区的俱乐部组成，现有会员 620 万人。

图 3-35　日本汽车联合会

图 3-36　澳大利亚汽车协会

协会的宗旨是：让所有的成员保持汽车服务领域的世界一流水平。其使命是：提高驾车人对公共政策的影响力,推动会员有效地利用俱乐部。

各种具体的服务与活动是通过 NRMA、RACV、RACQ、RAA、RAC、RACT、AANT 和 RACA 8 个州或地区俱乐部落实的,提供的各类服务与美国 AAA 向车主提供的各种服务类似。

5. 大陆汽车俱乐部(China Automobile Association,CAA)

1995 年,我国成立了第一家汽车俱乐部——大陆汽车俱乐部(CAA,见图 3-37)。CAA 以我国汽车道路救援为起点,建立全国综合性汽车服务管理平台。2003 年,CAA 成为澳大利亚保险集团 IAG 的全资子公司。2006 年,CAA 全国道路救援网络覆盖全国 31 个省、4 个直辖市的 561 个城市。现在在全国已有合作伙伴 1880 家,全国道路服务网络覆盖全国 1~5 级城市 95% 以上的区域。CAA 除了开展救援服务这一核心业务之外,更加深入地发展了汽车后市场,为会员及合作伙伴提供更多的选择便利性和多元化的服务。现在,CAA 已有的服务包括救援服务、保险服务、车检代缴费用服务、技术咨询及俱乐部自驾、趣味讲座等活动,扩展了会员服务范围。

图 3-37 大陆汽车俱乐部

课后练习

填空题

1. "汽车俱乐部"国际上统称_____。

2. 当今国际上有两大汽车俱乐部组织分别是_____和_____。

3. 国际汽车运动联盟是以_____为主的组织,总部设在法国巴黎,世界上各大汽车运动赛事均由其主办。

4. 国际汽车旅游联盟是_____的组织,1898 年成立于瑞士,发展至今已有百余年历史,目前国际拥有 138 个成员方,2 亿多名在册会员。

5. 美国汽车协会(AAA)的目的是改善汽车的可靠性,争取建设更好的公路,并敦促国会通过统一的交通法,目前有以下几项主要服务:_____、会员服务、预订服务、金融服务、保险服务,_____作为主要服务嵌入上述各项特色服务之中。

6. _____年,我国成立了第一家汽车俱乐部_____(CAA),以我国汽车道路救援为起点,建立全国综合性的汽车服务管理平台。

任务四 汽车博物馆

学习目标

了解世界上著名的汽车博物馆有哪些。

建议学时

1 学时。

 相关知识

一、米卢斯法国国家汽车博物馆

法国国家汽车博物馆位于法国东北部阿尔萨斯的米卢斯城（见图3-38），是欧洲最大和最有名望的技术博物馆之一，它的博物馆参观率在法国排行第二，仅次于巴黎卢浮宫。这座著名的法国国家汽车博物馆典藏了世界上最漂亮、最著名的400辆老式汽车。

该汽车博物馆的收藏品绝大多数是由 Hans 及 Fritz Schlumpf 两兄弟所有，可以说是全世界最大、收藏最丰富的博物馆之一。目前，在该汽车博物馆收藏的500辆汽车中，包括98个国家知名的汽车品牌，如劳斯莱斯、奔驰、法拉利、保时捷等，并且有许多是属于非常珍贵的古董车款。如果真要仔细参观的话，至少要花费5天的时间，才能通览全貌。

图3-38 法国国家汽车博物馆

法国国家汽车博物馆中不仅有柬埔寨国王乘坐过的专车，还有一辆价值高达1.2亿法郎的名贵古董车，是1930年由 Bugatti 车厂所生产的"皇家拿破仑"双门跑车。虽然该车重达2t，但每小时的时速还是能跑到200km。此外，还有设于 Carl Schlumpf 大道的"跑车区"，除了保时捷、法拉利等知名车款外，还有一级方程式的第1代赛车——时速可达300km 的莲花跑车。

二、奔驰汽车博物馆

奔驰汽车博物馆（Mercedes-Benz Museum）坐落在德国的斯图加特市，创建于1923年，与奔驰总厂相连，供人们免费参观（见图3-39）。该博物馆堪称奔驰汽车从发明到发展的一本历史教科书。同世界其他汽车博物馆相比，奔驰汽车博物馆的特点在于其自身就是一部完整的汽车发展史。从最早的奔驰一号车和戴姆勒一号车，第一辆打破纪录的奔驰赛车，到现今高科技的汽车，奔驰无不证明着自己在汽车行业的龙头地位。

a)

b)

图3-39 奔驰汽车博物馆外景和部分馆内展品

奔驰汽车博物馆中的许多收藏都是最原始的，它们因为具有设计和专利方面的价值而被留了下来。第二次世界大战期间，由于许多有价值的车辆不得不转移，一些有历史意义的车辆因此丢失，但尽管如此，许多重要的奔驰车还是被不断地发现和收藏。

奔驰汽车博物馆已不仅仅是汽车的收藏场所，它更是人类创造性的体现，智慧的结晶和奔驰传统的彻底展现。人们在这里看到的不仅是历史，更是奔驰公司过去、现在和未来所面对的挑战。

三、奥迪汽车博物馆

建于20世纪70年代的奥迪汽车博物馆自2000年12月向外界开放以后，就为各界瞩目。在独具特色的建筑氛围里，奥迪汽车博物馆带给参观者一次穿越时空的难忘之旅。从摩托车、汽车的品牌发展史到今日的汽车工业巨人，每一幅历史画面都在此一一呈现。奥迪汽车博物馆集销售、展示和游览功能为一体，意在使来访者在购车或游历奥迪汽车王国的同时，能感受到奥迪品牌的价值，因此该博物馆是奥迪公司品牌形象宣传的重要设施之一（见图3-40）。在这里，人们可以欣赏到奥迪汽车家族中的珍品，感受奥迪尊贵豪华的风格。在这座奥迪的艺术陈列中心里，永远只会展出50多辆汽车和30辆摩托车、自行车。这样才会让参观者印象深刻，并且不会感到疲劳或者厌倦。

a)　　　　　　　　　　　　　　　b)

图3-40　奥迪汽车博物馆的外景和内景

在奥迪汽车博物馆的进门处，最显眼的位置静静地停着一辆100多年前制造的红色Horch（见图3-41）。这辆产于1904年的敞篷车就是今天风靡世界的奥迪品牌轿车的前身，即使观众只能保持一定距离地去欣赏它，也会被它那精湛的制造工艺所折服。

Horch Spezial Roadster 855是奥迪汽车博物馆中最光彩夺目的珍品之一（见图3-42），它由茨维考的汽车联盟霍希工厂于1939年生产，当时仅生产7辆。

图3-41　红色Horch

奥迪的赛车冠军史可追溯到20世纪初。1937年，在法兰克福高速公路上，一辆奥迪"银箭"赛车一举改写了15项世界汽车速度纪录，并以406.3km/h的极速纪录令当时的人目瞪口呆。不幸的是，"银箭"在第二次世界大战期间被战火摧毁。1982年，在汽车联盟的唯一继承人奥迪公司的全力支持下，该车复制成功，又出现在赛场上（见图3-43）。

图3-42 Horch Spezial Roadster 855

图3-43 "银箭"复制品

四、宝马汽车博物馆

宝马汽车博物馆始建于20世纪70年代初，位于德国慕尼黑北部，毗邻宝马总部大楼，是宝马品牌体验中心的核心组成部分。宝马汽车博物馆总面积5000m^2，为"碗形"造型设计，它的旁边就是宝马"四气缸"总部，两幢造型独特的建筑就这样壮观地展示在我们面前（见图3-44）。

图3-44 宝马汽车博物馆外景和内景

这座银色碗状的建筑内分三层，整座建筑高19m，"碗底"直径20m，"碗口"直径41m，巨大的馆顶完全由"碗壁"支撑，内部展厅是由柱子支撑螺旋上升的。地上与地下建筑是连通的，形成了一条完整的参观路线。

整个博物馆的设计理念是要体现一个由汽车环境基本要素组成的"交通综合体"。而新延展的三层建筑更进一步延续了卡尔·施旺哲先生的建筑哲学：除了街道和广场，桥梁和房屋也出现在了馆内。

宝马汽车博物馆分为七个主题展区，总结介绍了宝马的重要理念。而这七个展区也决定了宝马汽车博物馆新颖的低层建筑风格：每个主题展区都是一个单独的展厅。在这里，您可以回顾品牌历史，也可以了解有关宝马创新技术和独特设计的更多信息。

五、通用汽车博物馆

通用汽车博物馆于 2004 年 6 月 12 日开馆，占地 7000 多 m^2。馆内收集了 180 多辆经典名车，将通用汽车百年来的经典名车及具有历史意义的车辆全部收藏进馆（见图 3-45）。通用汽车博物馆的展馆建筑最初并不是作展览车辆之用，而是通用公司举办庆典和会议的场所，只能同时容纳 500 人左右。在 2008 年通用汽车公司百年庆典之时，通用将这个建筑改造成了"通用历史博物馆"，开始广迎八方来客。

图 3-45　通用汽车博物馆

通用汽车公司旗下有很多品牌，其中凯迪拉克、别克、雪佛兰是三个最具代表性的美国汽车品牌，也是历史最悠久的品牌之一。通用汽车博物馆最大的特点，就在于其数不胜数的经典老爷车款。这里堪称是老爷车车迷的圣殿，例如 1918 年款的凯迪拉克 Type57。这款 1918 的凯迪拉克 Type57 之所以被收入通用汽车博物馆，据悉是为了纪念 1918 年上任的第二任凯迪拉克执行长官理查德·H. 科林斯（Richard H. Collins）。此外，通用汽车博物馆内还收藏了不少其他国家的品牌车型，例如来自德国的欧宝、瑞典的 SAAB、英国的 Vauxhall 和澳大利亚的 Holden，所展示的车型都是具有历史价值的。

六、丰田汽车博物馆

丰田汽车博物馆是 1989 年丰田汽车公司为了庆祝成立 50 周年而设立的博物馆，位于名古屋长久手高速公路第一出口旁（见图 3-46）。整个博物馆内总共汇集了 120 多部汽车，其中 60 多部为欧美产汽车，60 多部为日本产汽车（见图 3-47 和图 3-48）。

图 3-46　丰田汽车博物馆外观

图 3-47　丰田跑车　　　　　　　　图 3-48　丰田概念车

丰田汽车博物馆最让人称奇的地方是馆内这120多辆车，尽管是已有上百年历史的古董车，但加了油还能跑，保养得非常好。馆内也常常可以看到有些展示架上突然就空了，副馆长说，那是因为拖出去跑了。这120多辆汽车，每一部每隔一段时间就会拖到博物馆边的跑道上跑一跑，这样的用心维护以及这样重视品质与管理，正是丰田今天之所以能成为世界第一汽车大厂的关键。

七、上海汽车博物馆

扫一扫

值得一看的中国汽车博物馆

中国首家以汽车为主题的行业博物馆——上海汽车博物馆（见图3-49）坐落于上海国际汽车城的汽车博览公园内。该博物馆于2006年10月24日正式建成，2007年1月17日正式向公众开放，是上海第一家融汽车历史、人物、技术和创意为一体的专业博物馆。

上海汽车博物馆外依环境优雅的汽车主题公园，内设完善舒适的配套服务设施，内外景致交融，适宜举办车友聚会、时尚派对、新闻发布等各类企事业大、中、小型会议。从远处看，上海汽车博物馆外观酷似叠加的书本。入口处摆放着公元前1100年的西周马车复制品，展馆中心并列着卡尔·奔驰制造的全球第一辆汽车（复制品）和中国正式生产的第一代轿车红旗CA72。

上海汽车博物馆由历史馆（见图3-50）、技术馆、品牌馆、古董车馆和临展馆5部分组成。汇集历史博览馆、现代科技馆、古董车收藏馆与品牌文化展示的不同特点，结合形成了全新的综合概念。

图3-49 上海汽车博物馆外景

图3-50 上海汽车博物馆历史馆

八、北京汽车博物馆

北京汽车博物馆（见图3-51）是北京国际汽车博览中心的标志性建筑和核心设施，建筑面积约4.9万 m^2，设有汽车博览、主题展览、汽车科普、汽车娱乐、学术交流等功能展示区。汽车博物馆由历史、技术和未来三个主线构成，博物馆的内部项目设置富有创新性，着重突出知识性、参与性和娱乐性，通过静态与动态、平面与立体、三维与多维、音响与影像等多样形式，以视觉、听觉、触觉等参与方式达到教育启发的目的，使

图3-51 北京汽车博物馆

观众认识并了解近代汽车的历史与变迁，进而体会汽车科技、汽车文化的特质与内涵。北京汽车博物馆还为广大的青少年提供科普教育、环境教育、激发创造力与进取心的展示空间：一方面通过数量众多的展品，包括国内外不同历史时期的汽车、汽车用品、汽车艺术品和品种繁多的汽车衍生品来体现不同时代的汽车科技和汽车文化；另一方面通过众多的知识性、参与性、娱乐性的科普娱乐项目来展现汽车科技的无穷魅力和无限乐趣。

课后练习

填空题

1. ＿＿＿＿＿＿＿＿位于法国东北部阿尔萨斯的米卢斯城，是欧洲最大和最有名望的技术博物馆之一。

2. 奔驰汽车博物馆坐落在德国的斯图加特市，创建于＿＿＿＿＿＿＿＿年，与奔驰总厂相连，供人们免费参观。

3. 建于 20 世纪 70 年代的奥迪汽车博物馆永远只会展出＿＿＿＿＿＿＿＿辆汽车和＿＿＿＿＿＿＿＿辆摩托车、自行车。

4. 宝马汽车博物馆始建于 20 世纪 70 年代初，位于＿＿＿＿＿＿＿＿慕尼黑北部，毗邻宝马总部大楼，是宝马品牌体验中心的核心组成部分。

5. 通用汽车公司旗下有很多品牌，其中，＿＿＿＿＿＿＿＿、＿＿＿＿＿＿＿＿、＿＿＿＿＿＿＿＿是三个最具代表性的美国汽车品牌，也是历史最悠久的品牌之一。

6. 丰田汽车博物馆是在＿＿＿＿＿＿＿＿年丰田汽车公司为了庆祝成立 50 周年而设立的博物馆，位于名古屋。

7. 中国首家以汽车为主题的行业博物馆＿＿＿＿＿＿＿＿＿＿＿＿，于 2006 年 10 月 24 日正式建成，2007 年 1 月 17 日正式向公众开放。

8. ＿＿＿＿＿＿＿＿是北京国际汽车博览中心的标志性建筑和核心设施，建筑面积约 4.9 万 m²。

项目四

未来汽车文化

任务 汽车的未来

 学习目标

1. 认识概念汽车，说出概念汽车的作用。
2. 认识新能源汽车的不同类型，说出电动汽车、太阳能汽车、醇燃料汽车和燃气汽车的不同之处。
3. 说出什么是智能汽车，描述智能汽车中的智能系统与配件。

 建议学时

4 学时。

 相关知识

一、概念汽车

什么是概念车

21世纪是一个各种技术相互融合的时代。目前，我们正处在各种技术相互融合的初期阶段，汽车工业未来的发展空间很大，其主要发展方向有以下四个方面：安全、节能、环保、智能。未来汽车到底是什么样子，今天的我们无法准确预知。不过，在汽车行业有一项优良的传统，那就是几乎在汽车发展的每个历史时期，各大汽车制造厂都要推出预示未来的概念汽车，通过这些概念汽车（简称概念车），我们可以预先感知未来几年汽车工业的发展走向，这是感受未来汽车发展走向的一条捷径。

1. 概念车的定义

所谓概念车，就是研究未来汽车科技发展、造型变化，并阐释汽车发展方向的凝结超前意识的新车型。它是以特定观念形成的定性概念设计的汽车，所表现出的概念思想对整个汽车工业的发展及社会的进步具有很强的促进作用。

概念车一般分为两种：一种是真正能跑起来的汽车；另一种是设计的概念模型。前者比较接近于实际生产,其设计概念较易变成生产现实,通常已进入试验阶段并逐步走向实用化,且一般在3~5年之内就可能成为汽车公司的新产品。后者是更为超前的设计,受环境、科技水平、成本等因素制约,短期之内还不能成为在公路上跑的实用汽车,只是未来发展方向的一种体现;因为这种概念车不是大批量生产的商品车,所以设计人员可以更多地摆脱生产制造水平方面的束缚,尽情地甚至夸张地展示自己新颖、独特、超前的构思。

2. 概念车的起源与发展

第一辆概念车出自何处、何时问世已无从考究,大约是在汽车诞生半个世纪以后,才有汽车设计人员设计并在大型博览会上开始露面的。现存最早的概念车是1938年由美国通用汽车公司设计的别克YJOB型黑色敞篷车(见图4-1)。这辆由美国汽车造型之父——哈利杰·厄尔(Harley Earl)发明出来的概念车,不仅展现了20世纪30年代流线型汽车的特点,而且一直影响了第二次世界大战以后全球的汽车业。该车比之前市面上的任何车都更长、更低、更宽,其流线型的轮廓设计对后来的汽车设计产生了深远影响。该车型首次引入了嵌入式前照灯、电动车窗、水平散热器护罩、与车身齐平的门把、电动活动顶篷等设计,它也是第一款去掉了脚踏板的汽车。可惜的是,这款YJOB只推出了一辆概念版。

图4-1 别克YJOB概念车(1938)

目前,世界各大汽车公司都不惜斥巨资研制概念车,并在国际汽车展上亮相。这一方面是为了了解消费者对概念车的反应,从而继续改进;另一方面也是为了向公众展示本公司的技术进步,从而提高自身形象。

3. 概念车的欣赏

尽管概念车的审视空间非常大,但有一点却是公认的原则,即汽车的基本原理、设计的美学原理以及厂家各自的承传性,这些都是判别概念车车型效果的关键。另外,概念车是否具有独创性,也是其技术水平的重要构成因素之一。因此,欣赏概念车时主要应该把握以下几点:是否具有独创性,是否符合汽车公司自身的传承性,是否符合汽车的基本原理,是否符合汽车的美学原理。

欣赏概念车,实际上是欣赏超前的汽车设计与工艺水平。当创意概念不同时,概念车的差异也很大。若以"新时速"作为创意概念,一般以风阻和气流为车型线形设计的主要依据;若以"低能耗"作为创意概念,主要从节能和自然能源利用的角度出发开创新型功能性概念,如太阳能汽车等;若以"社会生态"作为创意概念,常从社会优良环境的维持上优化汽车设计的环保意识;若以"生活形态"作为创意概念,多从生活环节、结构、方式上给人们的汽车生活构筑新的色彩,如郊游的方便性、远途行驶的舒适性等;若以"文化性时尚"作为创意概念,会从多种艺术流派中挖掘出新的汽车艺术文化……汽车厂商在推出风格各异的概念汽车的同时,还会以其内含的概念性思潮去推进人类超前观念的发展,以强劲的社会物质文化发展势头刺激并作用于大众的感官,甚至从个体概念性的思潮表现出发，直接扩展，进而影响其他产业的发展，以求推动整个社会向着观念新潮、风格出众以及现实意义更加充实的方向发展。

4. 世界十大绿色概念车

概念车设计的关键是什么？相信任何汽车设计师都会将实用性放在最后一位考虑，而且任何汽车生产商都不会采纳可能影响市场销售的任何所谓的"新概念"。但是，概念车却可以凭借其"幻想的翅膀"，引导汽车设计的未来方向。

(1) 法国"气流"概念车　"气流"（Airflow）概念车（见图4-2）是一款轮式电动车，主要材料是玻璃。汽车具有一种全新的操纵感：驾驶人视野良好，能够更清晰地观察车外的情况。

这款汽车由法国著名设计师皮埃尔·萨巴斯设计，曾经荣获皮尔金顿汽车设计大奖赛"最佳设计说明奖"。

(2) 瑞典Lexus Nuaero概念车　Lexus Nuaero（见图4-3）是一款电气混合动力的玻璃概念车。该款汽车的设计灵感来自玻璃建筑。通过玻璃与其他材料的配合使用，创造出一种层次度，给驾驶人以更好的视觉效果。

这款车由瑞典设计师乔恩·莱德布林克设计。皮尔金顿汽车设计大奖赛的评委们一致同意将"最佳玻璃使用奖"授予该车。

图4-2　法国"气流"概念车

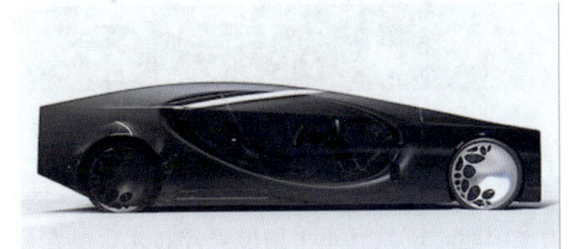
图4-3　瑞典"Lexus Nuaero"概念车

(3) 西班牙"感觉"概念车　"感觉"（Senses）概念车（见图4-4）以海藻作为动力燃料，其最大特点是所有外部材料均采用"固体全息技术"制造。此外，该款汽车还采用人工智能技术，汽车内部将根据外界环境、乘员情况以及事先设想的场景进行自我调整、自我适应。

它是由西班牙设计师亚特罗·佩拉尔塔·诺古拉斯设计的。

(4) 韩国"变色龙"概念车　"变色龙"（Chameleon）概念车（见图4-5）的设计体现了一种时尚感。该车样式的设计思想源于时装的领口、领带以及女性的眼线膏等时尚用品。汽车整体形状呈不对称状，"像服装一样，永无完美可言"，无论怎么设计都是对的。此外，由于采用了"顺磁性技术"，"变色龙"汽车可以根据乘客的服装等物品自动改变车身颜色。这款车由韩国设计师金东奎设计。

(5) 意大利"我的休闲室"概念车　"我的休闲室"（My Lounge）概念车（见图4-6）是一个充满个性化的汽车。该车允许汽车购买者任意布置内部设施，就像设计自己的起居室一样随意，但前提是不得暴力扭曲汽车的主体架构。这款概念车由意大利汽车设计师伊拉里亚·萨科设计。

图4-4 西班牙"感觉"概念车

图4-5 韩国"变色龙"概念车

(6) 芬兰"欧米茄"概念车 "欧米茄"（Iomega）概念车（见图4-7）看起来并不像一辆汽车，却更像是一个休闲的太空舱。驾驶人室和乘员室分别是独立的车厢，这与我们通常的汽车结构有着很大区别。"欧米茄"概念车由芬兰设计师乔纳斯·瓦尔托拉设计。

图4-6 意大利"我的休闲室"概念车

图4-7 芬兰"欧米茄"概念车

(7) "谜"概念车 "谜"（Enigma）是一款电动汽车（见图4-8），理论上的动力来源为太阳能。该款汽车采用磁悬浮技术，乘员室相对于车体的其他部位形成一个独立的空间。"谜"概念车极度体现了"奢侈性"和"排他性"。该车由保罗·豪克设计。

(8) 西班牙"软体汽车"概念车 "软体汽车"（Soft Vehicle）概念车（见图4-9）是用泡沫塑料制成的。车厢门的开关是一条拉链，驾驶人通过拉开拉链爬进车厢。

图4-8 "谜"概念车

图4-9 西班牙"软体汽车"概念车

设计者认为，车体越软，驾驶起来越安全。这款概念车由西班牙著名设计师拉奎尔·阿帕里西欧·洛佩兹设计，他还准备进行进一步的设计改进，采用橡胶、纺织物和其他柔软材料来加工制作。

(9) 西班牙"凤凰"概念车 "凤凰"（Phoenix）概念车（见图4-10）的设计理念是实现最大功效。车身前部有一个涡轮、一个动力轴，尾部装有电动机。设计师将该款汽车比作是一个带跨斗的摩托车。这款概念车由西班牙汽车设计师塞吉欧·劳里罗·席尔瓦设计。

（10）韩国"变形"概念车　"变形"（Transform）概念车（见图4-11）具有透明的弹性顶部。弹性的顶部可以根据驾驶人的身高及心情变为任意形状。该车由韩国著名设计师郑日宇设计。

图4-10　西班牙"凤凰"概念车

图4-11　韩国"变形"概念车

二、节能与新能源汽车

新能源汽车是指采用新型动力系统，完全或主要依靠新型能源驱动的汽车，主要包括纯电动汽车、插电式混合动力电动汽车及燃料电池电动汽车。2018年国家发改委发布的《汽车产业投资管理规定》正式确认：自2019年1月10日起施行，在整车投资项目领域，混合动力汽车、插电式混合动力汽车将划归燃油车一类。节能汽车是指以内燃机为主要动力系统，综合工况燃料消耗量优于下一阶段目标值的汽车，主要是指混合动力汽车。

1. 纯电动汽车

纯电动汽车是驱动能量完全由电能提供的、由电机驱动的汽车。图4-12所示为大众e-Golf纯电动汽车。

2. 插电式混合动力汽车

插电式混合动力电动汽车是可以外接电源充电的一种混合动力电动汽车，如图4-13所示。

图4-12　大众e-Golf纯电动汽车

图4-13　沃尔沃v60插电式混合动力汽车

3. 燃料电池汽车

燃料电池电动汽车以燃料电池作为单一动力源或者是以燃料电池系统与可充电储能系统

作为混合动力源的电动汽车。

图4-14所示为本田汽车公司开发的燃料电池电动汽车FCX。

燃料电池电动汽车系统由燃料箱、燃料电池、电池组、控制系统、驱动系统组成。燃料电池工作的过程不像内燃机那样涉及剧烈的燃烧，它不经历过程，不受热力循环限制，故能量转换效率高，燃料电池的化学能转换效率在理论上可达100%，实际效率已达60%～80%，是普通内燃机热效率的2～3倍。

与纯电动汽车相比，燃料电池电动汽车具有续驶里程长、低温冷起动性能好和能量补充快等优点，缺点是产品成本高和基础设施稀缺。燃料电池电动汽车性能基本满足用户需求，必将成为未来高端纯电驱动车辆主体车型。

4. 混合动力电动汽车

混合动力汽车是指能够至少从下述两类车载储存能量中获得动力的汽车：

——可消耗的燃料；

——可再充电能/能量储存装置。

通常所说的混合动力电动汽车，一般是指油电混合动力汽车（见图4-15），即采用传统的内燃机（柴油机或汽油机）和电机共同作为动力源，也有的发动机经过改造使用其他替代燃料，例如压缩天然气、丙烷和乙醇燃料等。

图4-14 本田燃料电池电动汽车FCX

图4-15 丰田Prius混合动力电动汽车

混合动力电动汽车由小排量燃油发动机、发电机、动力蓄电池、驱动电机、控制器和电器设备等组成。根据混合动力驱动的联结方式，一般把混合动力电动汽车分为三类：

① 串联式混合动力电动汽车 主要由发动机、发电机、驱动电机等三大动力总成用串联方式组成了HEV的动力系统。

② 并联式混合动力汽车 发动机和发电机都是动力总成，两大动力总成的功率可以叠加输出，也可以单独输出。

③ 混动式混合动力汽车 是综合了串联式和并联式的结构而组成的电动汽车，主要由发动机、电动-发电机和驱动电机三大动力总成组成。

5. 其他新能源汽车

（1）太阳能汽车 太阳能汽车（见图4-16和图4-17）是一种靠太阳能驱动的汽车。相比由传统热机驱动的汽车，太阳能汽车是真正的零排放。太阳能汽车已经没有发动机、底盘、变速器等构件，而是由电池板、蓄电池和驱动电机组成，只要控制流入驱动电机的电流，就可以解决汽车的行驶问题。全车主要有3个技术环节：一是将太阳能转化为电能，二是将电能储存起来,三是将电能最大限度地发挥到动力上。

 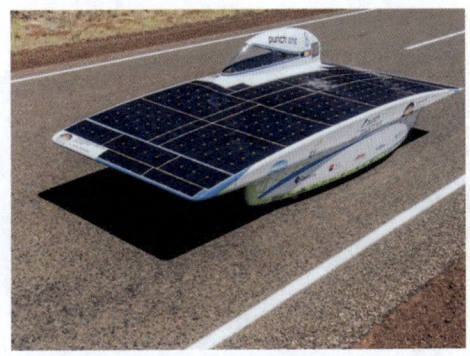

图 4-16 太阳能汽车

由于蓄电池的能量有限,太阳能汽车在无阳光的情况下,连续行驶里程有一定的限制,且太阳能电池成本目前还太高、造价昂贵、承载能力差,所以太阳能汽车在现阶段还无法普及。

(2) 醇燃料汽车 醇燃料汽车是指以甲醇或者乙醇作为燃料的汽车。醇燃料汽车发展较早,到目前为止,在技术方面和成本方面已进入实用阶段。车辆使用甲醇燃料,其尾气中污染物 CO、烃、NO_x 的排放量都比汽油低,对于改善环境很有利。但是,使用乙醇燃料时,由于提高了压缩比,NO_x 的排放量将增加。

图 4-17 菲亚特 Phylla

1) 甲醇燃料汽车。在新能源汽车多元化的发展战略框架下,煤制甲醇成为最可行、最优先的发展方向,而且由于我国较早涉足此领域,因此目前的生产以及研发状况都处于世界先进行列。

我国甲醇燃料汽车的研发取得了可喜成绩,一汽、奇瑞、华普、吉利等汽车生产企业在甲醇代用燃料发动机及整车开发方面各有建树,产品已经发展到了成熟的阶段。

旗云甲醇燃料汽车是由奇瑞公司潜心研发出的一种新型甲醇燃料汽车,可使用甲醇和汽油双燃料,该车型兼具经济、环保、可靠、安全四大优势,如图 4-18 所示。由于采用甲醇作为主要燃料,该车型用于出租运营时,实现了更低的运营成本和更优的排放指标,据计算,与同排量燃油车车型相比,甲醇汽车燃料费用按照目前的价格,比燃油车可节省三分之一左右。

2) 乙醇燃料汽车。世界上已经有超过 500 万辆汽车使用乙醇作为燃料,这些乙醇燃料汽车不仅比使用汽油作为燃料的汽车更经济,而且几乎不会排放任何有害的温室气体。

燃料乙醇的出现不仅减少了对石油资源的依赖,还可以很大程度地改善汽车尾气污染和提升发动机燃烧效率。由于乙醇是燃油氧化处理的增氧剂,可以给汽油增加内氧,使其燃烧得更充分,达到节能和环保目的。与用石油制得的汽油相比,生物乙醇在燃烧时释放到大气中的二氧化碳要少得多,比汽油燃烧时的二氧化碳排放量最多减少 90%。另外,乙醇具有极好的抗爆性能,辛烷值一般都在 120 左右,它可有效提高汽油的抗爆性(辛烷值)。萨博

BioPower100 概念车就是使用的 E100 纯生物燃料乙醇（见图 4-19）。

图 4-18　旗云甲醇燃料汽车

图 4-19　萨博 BioPower100 概念车

（3）**燃气汽车**　燃气汽车又称为天然气汽车，主要分为液化石油气汽车和压缩天然气汽车两种。燃气汽车主要以天然气为燃料。它的 CO 排放量比汽油车减少 90% 以上，碳氢化合物排放减少 70% 以上，氮氧化合物排放减少 35% 以上，是较为实用的低排放汽车。

按照使用天然气燃料状态的不同，天然气汽车可以分为液化石油气汽车、压缩天然气汽车和液化天然气汽车。液化石油气汽车以液化石油气为燃料。压缩天然气汽车以压缩天然气为燃料，将天然气压缩到 20.7~24.8MPa，储存在车载高压气瓶中。液化天然气是指常压下、温度为 -162℃ 的液体天然气，储存于车载绝热气瓶中。目前，世界上使用较多的是压缩天然气汽车。

国产燃气汽车的一个成功案例是奇瑞 A5（见图 4-20）。奇瑞 A5 CNG 技术先进，整车配备意大利进口燃气供给系统，采用多点顺序电控喷射技术，整车燃油经济性提高 40% 以上。它可以实现乙醇与汽油在任意比例掺混下的燃料供给方式，也可以燃用 CNG 气体燃料，并能够进行不同比例乙醇汽油燃料的识别，以及乙醇、汽油及天然气各种燃料之间的任意切换。

图 4-20　奇瑞 A5

三、智能汽车

智能汽车是在普通汽车上增加先进的传感器（雷达、摄像）、控制器、执行器等装置，通过车载环境感知系统和信息终端实现与人、车、路等的信息交换，使车辆具备智能环境感知能力，能够自动分析车辆行驶的安全及危险状态，并使车辆按照人的意愿到达目的地，最终实现替代人来操作的目的。

智能汽车与一般所说的自动驾驶有所不同，它指的是利用多种传感器和智能公路技术实现的汽车自动驾驶。从现实的方面来看，智能汽车较为成熟的和可预期的功能和系统主要是智能驾驶系统、生活服务系统、安全防护系统、位置服务系统以及用车服务系统等，各个系统实际上又包括一些细分的系统和功能，比如智能驾驶系统包括了智能传感系统、智能计算机系统、辅助驾驶系统、智能公交系统等；生活服务系统包括了影音娱乐、信息查询以及各类生活服务等功能；而位置服务系统，除了要能提供准确的车辆定位功能外，还要让汽车能与其他汽车实现自动位置互通，从而按约定目标行驶。

汽车的智能化设计涉及全球定位系统、防碰撞系统、智能"黑匣子"、智能轮胎、智能安全气囊、智能玻璃、智能刮水器、自动前照灯、智能空调、智能悬架、防打瞌睡系统等。

1)全球定位(见图4-21)系统由 GPS 导航、自律导航、微处理机、车速传感器、陀螺传感器、CD-ROM 驱动器和 LCD 显示器等组成。GPS 导航系统与电子地图、无线电通信网络、计算机车辆管理信息系统相结合,可以实现车辆跟踪和交通管理等许多功能。

2)防碰撞系统(见图4-22)是防止汽车发生碰撞的一种智能装置,该系统能够自动发现可能与汽车发生碰撞的车辆、行人或其他障碍物,及时发出警报或同时采取制动或规避等措施,以避免碰撞事故的发生。汽车自动防撞系统是智能轿车的重要组成部分。

图 4-21 全球定位系统

图 4-22 车辆防碰撞系统

3)智能"黑匣子"(类似于飞机上的黑匣子,见图4-23)又叫汽车智能记录仪,是用以记录汽车行驶状况的一种电子装置。这种装置可以准确记录汽车发生事故之前 10min 内的各种数据,对于分析和处理交通事故具有重要意义。

a)

b)

图 4-23 汽车"黑匣子"

这种装置由记录器、显示器、数据采集处理卡、软件系统及传感器组成。其中,记录器可用磁带记录汽车行驶的各种状态,如前进、倒车、加速、减速、转弯、上坡、滑行等。当发生事故或电源被切断后,所记录的数据仍然能够保留。为了能够安全回收,汽车黑匣子必须耐火、耐压、耐撞击、耐腐蚀、防水、防潮。

4)智能轮胎。汽车智能轮胎(见图4-24)的功能是在汽车正常行驶时,当轮胎温度过高或胎压太低时,及时向驾驶人发出警报,以防止发生交通事故;或使轮胎在不同的行驶条件下保持最佳的运行状况，以提高安全行驶的系数。更为先进的智能轮胎还能感知光滑的冰面，并在探测出路面结冰后使轮胎自动变软，增大轮胎与结冰路面的附着力；在探测出路面潮湿后，甚至还能自动改变轮胎的花纹，以防打滑。

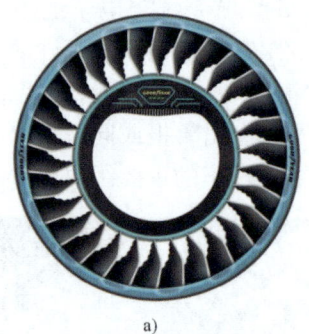 

a) b)

图 4-24 智能轮胎

5）智能安全气囊。智能安全气囊（见图 4-25）就是在普通型气囊的基础上增加传感器，以探测出座椅上的乘员是儿童还是成人，他们系好的安全带以及所处的位置是怎样的高度，通过采集这些数据，由电子计算机软件分析和处理来控制安全气囊的膨胀程度，避免安全气囊出现不必要的膨胀，从而极大地提高其安全作用。

图 4-25 智能安全气囊

智能网联汽车（ICV）是一种跨技术、跨产业领域的新兴汽车标准体系，从不同角度、不同背景对它的理解是有差异的，各国对智能网联汽车的定义不同，叫法也不尽相同，但终极目标是一样的，即可上路安全行驶的无人驾驶汽车，如图 4-26 所示。

图 4-26 智能网联汽车

从狭义上讲，智能网联汽车是搭载先进的车载传感器、控制器、执行器等装置，并融合现代通信与网络技术，实现 V2X 智能信息交换、共享，具备复杂的环境感知、智能决策、协同控制和执行等功能，可实现安全、舒适、节能、高效行驶，并最终可替代人来操作的新一代汽车。

从广义上讲，智能网联汽车以车辆为主体和主要节点，融合现代通信和网络技术，使车辆与外部节点实现信息共享和协同控制，以达到车辆安全、有序、高效、节能行驶的新一代多车辆系统。

智能网联汽车、无人驾驶汽车、车联网、智能交通系统有密切相关性，但没有明显分界线，如图4-27所示。

智能网联汽车由环境感知层、智能决策层以及控制和执行层组成，如图4-28所示。

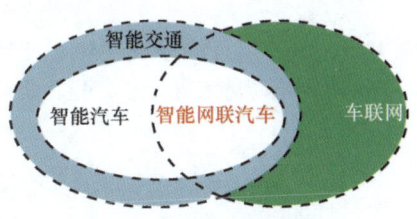

图 4-27　智能网联汽车相关概念关系

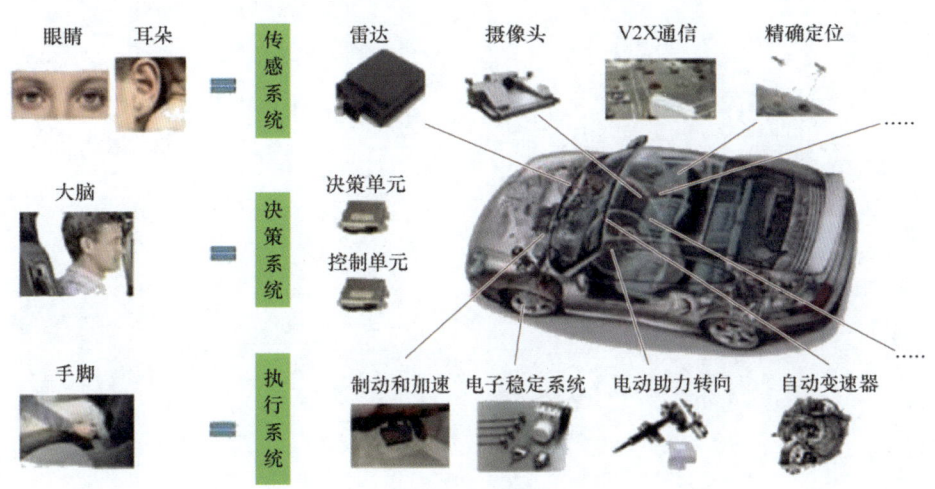

图 4-28　智能网联汽车的三个产品层次

课后练习

一、填空题

1. 对未来汽车科技发展、造型变化进行研究，并阐释凝结超前意识的新车型是_____。

2. 现存最早的概念车是1938年由_____公司由美国汽车造型之父_____发明出来的别克 YJOB 型黑色敞篷车。

3. 第一辆具有实用价值的用蓄电池驱动的电动汽车是在1873年由英国人_____研制成功的。

二、思考题

1. 什么是新能源汽车？
2. 什么是智能汽车？
3. 目前，世界各国研究的新能源汽车的替代能源有哪些？
4. 什么是全球定位系统？
5. 什么是汽车防碰撞系统？

参 考 文 献

[1] 刘锐,郑广军. 汽车文化 [M]. 北京:北京大学出版社,2009.
[2] 高寒,赵春园. 汽车文化 [M]. 北京:中国铁道出版社,2011.